INNOVATION PROWESS

Leadership Strategies for Accelerating Growth

凭借创新实力获得加速增长

沃顿商学院创新课

[美] 乔治 · S. 戴伊　George S. Day 著

中国青年出版社
CHINA YOUTH PRESS
中青文传媒

图书在版编目(CIP)数据

沃顿商学院创新课：凭借创新实力获得加速增长 /（美）戴伊著；刘文琴译.
—北京：中国青年出版社，2014.8
书名原文：Innovation prowess: leadership strategies for accelerating growth
ISBN 978-7-5153-2610-8
Ⅰ.①沃… Ⅱ.①戴… ②刘… Ⅲ.①企业管理－创新管理 Ⅳ.①F270
中国版本图书馆CIP数据核字（2014）第173181号

沃顿商学院创新课：凭借创新实力获得加速增长

作　　者：[美] 乔治·S. 戴伊
译　　者：刘文琴
策划编辑：朱小兰
责任编辑：肖　佳　孙　明
美术编辑：李　甦　张燕楠
出　　版：中国青年出版社
发　　行：北京中青文文化传媒有限公司
电　　话：010-65511270/65516873
公司网址：www.cyb.com.cn
购书网址：zqwts.tmall.com　www.diyijie.com
印　　刷：北京中科印刷有限公司
版　　次：2014年9月第1版
印　　次：2016年8月第2次印刷
开　　本：787 × 1092　1/32
字　　数：90千字
印　　张：5.25
京权图字：01-2014-1642
书　　号：ISBN 978-7-5153-2610-8
定　　价：29.90元

创新应当是企业家的主要特征，企业家不是投机商，也不是只知道赚钱、存钱的守财奴，而应该是一个大胆创新敢于冒险、善于开拓的创造型人才。

——〖熊彼特〗奥地利经济学家

各方赞誉

对于所有希望提高有机增长速度的公司来说，乔治·戴伊抓住的概念正是他们所关心的问题。他的核心发现在于，增长领跑公司能够同时拓展严谨有序的创新过程和自身能力。这就像人应该兼具头脑和强健的体魄一样；同时具备两者才能使自己处于领先位置。

——维杰·戈文达拉扬，达特茅斯大学塔克商学院教授，《纽约时报》、《华尔街日报》畅销书《逆向创新》作者之一

本书对管理产品创新的模糊前端——决定创新战略——做出了重要贡献；选择最有吸引力的领域去关注，通过正确的增长路径实现竞争优势，然后将新产品推向市场。对于每位希望提升自己公司创新能力的高管来说，这是一本必读之书。

——罗伯特·G. 库珀，
麦克马斯特大学荣誉教授，门径管理系统创始人

对于顶级管理层来说，利润增长即是最重要的工作，也是一项挑战。创新对于组织实现可持续的有机增长至关重要。市场部主管应该而且有能力在推动创新和增长方面扮演核心角色，而乔治·戴伊的这本书恰好为公司部署成功的增长战略提供了宝贵的观点和行动参考。

——丹尼斯·邓拉普，美国营销学会首席执行官

这本书介绍了如何通过创新思维而不仅仅是创新来加速增长，非常及时，也非常实用。和以前一样，乔治·戴伊娴熟地列出了十四条不同的路径，通过价值创造和价值获取来促进有机增长。这些路径包括克服消费障碍，满足未达成的需求和改变公司的赚钱方式。

——杰格迪什·N. 谢斯博士，
查尔斯·凯尔斯特营销学杰出教授，艾默理大学

请务必阅读这本书！每一页上我都能发现一些观点，让我知道如何追求增长，通过创新思维发现机遇（通过十四条路径），并通过改进公司文化、提升公司能力和优化组织结构来实现这些机遇。

——菲利普·科特勒，

“现代营销学之父”，《营销管理》作者

无论在怎样的经济形势中，对创新的聚焦总是至关重要的。但是，创新这门技巧需要个人和组织同时培养和发展。乔治·戴伊博士在《创新实力》一书中描述的推动利润增长的观点令人耳目一新。如果你关注公司中的增长机遇，那么这不失为一本快速的必读之物。

——斯科特·桑得鲁德，普莱克斯公司全球市场开发和销售副总裁

很多大型企业都不断地因为商业模式僵硬或能力、组织、文化等方面的原因而无法使创新得到持续。很少有公司能够顺利地过渡到一个有弹性、有活力的模式，使他们可以成功地处理“大I”和“小i”两种创新。乔治·戴伊熟练地将几种有力的框架结合起来，以辨认和选择正确的创新机遇，并为企业提供了一种方案，来实施可持续的创新模式。对那些希望转变组织中创新模式的人来说，这本书具有很高的价值。

——斯科特·斯奈德博士，

Mobiquity公司总裁兼首席战略官，沃顿商学院高级研究员，

宾夕法尼亚州立大学工程与应用科学学院客座教授

乔治·戴伊精心设计了一套丰富的且充满创意的战略来通过创新促进有机增长，并通过大量新鲜的案例来支撑并让读者了解自己的观点。本书见解深刻，如果你是一位希望通过创新来推动有机增长的高管，那么这本书便对你具有很高的价值。

——杰拉德·泰利斯，南加州大学American Enterprise主席、马歇尔商学院教授，《创新无止境：打造主导市场的组织文化》一书作者

INNOVATION PROWESS

目 录

INNOVATION
PROWESS

前言

你的公司在发展时是否已经发挥了全部潜力？如果你的回答是否定的，那这就是一个问题。

一连串的创新可以帮助公司实现卓越增长，从而有力推动公司股票价格的上扬。华尔街深谙此道，管理者们同样如此。因此，对有机增长——通过内部方式而不是并购而获得的总收益和利润的增长——的追逐成为各公司的首要任务。对于26%的公司来说，情况都是如此。另外还有71%的公司将有机增长列入他们的三大首要战略之中。但是，很多管理者质疑，为什么他们并不能达成公司追求的有机增长目标。

本书是为渴望达成这一目标的高级管理团队量身定制的。它回答了这一问题——如何使公司利润和收益的有机增长快于竞争对手。换句话说，如何释放公司的全部增长潜力？

我用了超过25年的时间研究如何应对有机增长的挑战。一些要求比较高的客户，如通用电气、戈尔公司、美敦力、泰科电子、强生等曾问过我这一问题，而我则在多次管理和战略会议中受到参与者启发，并从我的同事以及创新增长课程里的学生那里得到帮助和启迪。

增长领跑公司所具备而增长落后公司不具备的因素可以总结为一点——创新实力。创新实力包括两个方面：第一，严谨有序地寻求增长过程，制订具有雄心但切实可行的增长目标，通过由外而内的方式寻找并选择最佳增长机遇。第二，将同样精力投入到有利于创新和增长的文化、能力和组织结构的建设中去。增长的领跑者将这两个方面结合起来，并放入一个良性的、自我强化的循环中，使他们可以将自己的雄心转化成产生利润的行动。这意味着他们可以更快地投身到更好的增长机遇中，并更快地将机遇推向市场。鉴于整个公司都将目标对准增长，他们成功的概率会大大高于平均水平。这就是创新实力。我希望，这本书可以帮助读者拓展他们自己公司的创新实力。

有这样一个比喻，我很喜欢。它说写一本书就像古时候坐着敞篷车旅行。要取得成功，你需要清楚地看到目的地，需要同行人的指导，需要有资源和意志以继续前进，需要家人、朋友和同事的支持。我很感谢所有那些帮助我走上这段旅程直到终点的人。他们中有很多来自宾夕法尼亚大学沃顿商学院麦克创新管理研究所，该中心旨在助推公司创新；特别是我的同事哈比尔·辛格、尼克拉杰·席格科、卡尔·乌尔里希、保罗·苏梅克尔以及高级研究员特里·法丹姆、拉里·休斯顿、丹尼尔·齐威德勒，我从他们身上获益良多。处于知识网络时代的这一创新中心得到了威廉·麦克和菲利斯·麦克的鼎力支持，对此我非常感谢。我要特别感谢我的同事大卫·罗伯森和塞卡特·乔胡瑞对本书早期版本提出的宝贵意见，以及杜克大学富科商学院的克里斯丁·摩曼，她为我思想的形成提供了很多帮助。

这段旅程始于史蒂夫·科布林和沙浓·伯宁的邀请。他们希望我为沃顿商学院电子书出版社的高级管理核心课程写一本书。正是他们的鼓励和编辑实力使这本书得以改进。

索纳伙伴（Sona Partners）公司的蒂姆·奥格登是这段旅程的向导，他从读者的角度将书中的创意有力地叙述了出来。

谨以本书献给我的孩子莎伦、杰弗里和马克，他们是我灵感的源泉，以及我的爱妻艾丽丝，她对本书的热情和不懈支持是我写作的动力。

乔治·S. 戴伊

宾夕法尼亚州维拉诺瓦

2013年1月21日

INNOVATION
PROWESS

引言

增长的挑战

你的公司是否因为以下问题而面临发展困境？

● 创意从诞生到发挥作用是否顺利？

● 是否经常无法预见新的机遇，只能被动对竞争对手做出反应？

● 创新活动产生的生产力是否落后于竞争对手？

● 与对手的争夺战和短期压力，是否通常会使宏大的、长期的增长计划无法获得创新资源？

● 公司文化是否属于内向型，总是规避风险？

● 是否无人对增长预测失误负责？

事实上，你并不是唯一那个面对这些紧迫问题的企业。

尽管行业以及大众媒体对创新者深为崇拜，很少有公司真正了解如何推动公司的有机增长，但的确有这样的公司存在并蓬勃发展。例如IBM、耐克、美国运通、乐高和亚马逊一直以高增长领先其他竞争对手，实现有机增长。本书的目的就是要向这些增长领跑公司学习。通过本书中讨论的策略、过程和方法，你可以建立一个有效而全面的模板，加快公司的有机增长速度。

管理学思想大师彼得·德鲁克认为创新就是一门学科，一种技术，可以习得并应用于实践，就像演奏某种乐器一样。他相信，创新就是设计一种系统性的方法，来识别可为客户提供新价值的机遇，并通过严谨有序的工作利用好它们："我认识的成功企业家具有一个共性，这一共性与他们的性格无关，而在于他们对系统的创新实践的投入。"

德鲁克的观点很少在实践中看到实例。更多的则是爱科维特公司（ActivatorCo）这种情况。这是一家领先的液压系统生产公司，产品用于电梯升降和飞机机翼。我曾在这家公司做过咨询工作。爱科维特公司的问题是项目太多而资源有限。一方面，公司要进入一系列新市场，扩大生产线；另一方面，它还要完成从液压技术到直线感应技术的转换。这种情况下，没有几个项目是百分之百完成的。对于测试过的新产品，公司做的不是经过充分准备的"产品发布"，而是"产品逃避"。将新产品推向市场时，公司感到压力巨大，因为它没有充分的销售培训、技术资料和其他支持。这带来了大量问题，亟待后期修补。因此，公司增长停滞不前，士气低落，领导层头疼不已。

像爱科维特这样的公司出发点是好的，但是效果适得其反。他们希望得到增长，但是被公司的组织拖了后腿。因此，他们没有成为增长的领跑者，反而成了落后者。对于增长落后的公司来说，加大对研发或其他创新的投资不仅不会产生效益，而且往往会雪上加霜。问题不在于缺少资金、缺少机遇，或者甚至不是缺少雄心，而是缺少创新实力。

增长落后公司 vs. 增长领跑公司：区别在于创新实力

增长，要求生产活动中严谨有序的战略与能够达成增长目标的组织能力相结合，从而获得创新实力。这两方面协同工作，就能实现有机增长速度快于竞争对手——并维持这一速度。

增长领跑公司拥有较高的创新能力，这使他们有信心投身于加速增长的战略目标。他们严谨有序的增长方式以及选择最优增长途径的能力，确保自身有足够资源取得成功，然后利用良好的执行力来完成。鉴于战略前期已经到位，整个公司组织都将目标对准增长，那么单个的增长计划在市场上取得成功的概率就会大很多。相反，增长落后公司创新能力不足，所以，他们想不出远大的增长战略，这又进一步降低了他们对自我能力的信心。

托马斯·爱迪生有句名言："天才就是百分之一的灵感加上百分之九十九的汗水。"增长领跑公司当然会受到增长战略的启发，但是他们也会应用创新能力，认真执行和完成增长战略。增长领跑公司能够通过三方面努力为自身提供力量：

1. 鼓励冒险和探索的创新文化（culture）；

2. 在创新过程中表现出来的能力（capabilities），可以比竞争对手更好地深入了解市场，掌握技术支持，开展创新活动；

3. 支持和鼓励寻求增长的组织结构（configuration）和激励机制。

这三个要素不妨称为"3C"。当"3C"与严谨有序的增长寻求增长实现过程相结合，便会产生创新实力。

增长领跑公司的创新实力通过三种方式来强化他们实现创意的能力：第一，鼓励组织内部抓住所有机遇并执行到底，认可并奖励创新倡导者；第二，移除制约增长潜力的障碍；第三，将组织向外部资源开放，培养最优秀的人才，支持员工持续学习，从而增强创新能力。

打造创新实力需要稳定持久的领导以及长期的资金和人力资源投入。失败是成功之母：实践得越多，创新实力便越强。

但是，管理疏忽、骄傲自满、过于自信，特别是短期目标的压力往往会削弱创新实力。诺基亚因注重短期收益以维持其股价，而在新兴的智能手机市场上节节败退，这使得诺基亚不愿投资更换其过时的塞班系统。这一投资不足使诺基亚无法与苹果iPhone的客户体验或安卓系统的功能性和开放性相媲美。很多观察者指出，诺基亚的领导团队缺乏多样性——产生了内向型的“群体思维”——这也是为什么诺基亚对自身困境反应如此迟钝的原因之一。大多数领导人是诺基亚的终身客户，他们在诺基亚的伴随下长大，却对如今瞬息万变、以因特网为基础的市场经验不足，感受不深。

很多行业都有增长领跑公司，虽然他们有着全然不同的历史，但在创新和增长方面却使用着类似的口号：“大胆设想，小处着手，迅速扩展。”这种方式可以帮助公司克服压力，不再将创新资源浪费在那些谨慎而产出低的计划上，而倾向于调整风险后把握回报更高、更加大胆的创意。这些大胆的创意包括对产品、产品特性及之外的东西进行创新，并结合到业务的每个功能部分。通过提升客户体验、进军周边产品或周边市场以及改变商业模式，增长领跑公司就能明确地找出增长机遇。从这些创新中诞生的增长机遇通常比任何其他的技术突破更有利可图。

在增长寻求过程中，增长领跑公司能够深入了解市场，从而进一步巩固他们的创新实力。他们的目标是为客户创造新的价值——而不仅是新的事物。增长领跑公司以由外而内的方式，从现有的以及潜在的客户和竞争对手的角度出发，来寻求创新。

施乐公司的首席技术官索菲·范德布洛伊克总结出了这样一条创新方法："如果你的创新没有使客户受益，那我们就不能称之为创新。"

迈向加速增长的第一步：一个严谨有序的过程

增长落后公司应该如何发展创新实力，逐步成为增长领跑公司呢？第一步就是要实施一个严谨有序的寻求增长过程。

组织可以利用多种创新过程来实现增长愿景。这些过程可分为两大类：增长寻求和增长实现。增长寻求指的是为了设定战略方向、寻求并选择最佳机遇的所有步骤。增长实现则包括将这些机遇带向市场并卖出产品的全部步骤。增长实现过程在本书中不做详述，我将把重点放在增长寻求的过程上。

在组成增长寻求过程的子过程中，最上层的便是设定增长战略，以此引导寻求机遇、设定增长目标、细化所需资源，并动员每个人都参与到创新过程中来。增长战略为各项活动的开展提供了一份蓝图，包括针对单个项目的门径管理流程，对某领域的创意进行头脑风暴，或者对创新伙伴进行定位和选择等。

增长战略的设定过程推翻了"心中无路，则无处不达"这句古语。知道要走哪条路——或者更准确地说，知道要跟随的罗盘航向——为整个公司组织指明了意义和方向。有机增长就可以系统地实现。没有增长战略，对增长的寻求必将毫无章法可言，也无法自信地应对未来。

增长寻求过程的目的是比竞争对手更快地把握住最佳机遇、减少应对不当（如利用稀缺资源开展无果的商业投资）和应对不足（如错过大好机遇），在创新资源和创新能力的应用过程中获得高产出。每个公司都有一张清单——“为什么我们没有做？”

- 为什么索尼没有做网上音乐（而苹果做到了）?
- 为什么地方报纸没有做网上广告分类（而Graigslist网站做到了）?
- 为什么诺德斯特姆公司（Nordstrom）没有更快地想到在网上开鞋店（而美捷步做到了）?
- 为什么微软没有发布基于因特网的广告媒介（而谷歌发布了）?
- 为什么柯达没有卖掉数码相机和照片打印机的全部生产线（而佳能卖掉了）?
- 为什么乐高没有开发网上积木游戏（就像Mojang公司开发的《我的世界》一样）?

关于如何最好地将增长战略嵌入到整体商业战略之中，以及寻求增长过程中有哪些必要的阶段，增长领跑公司和有创新专业的逐渐形成了共识。增长寻求的阶段是一个相互连续的过程，请见图I-1的三个步骤。从这一增长寻求过程可以认识到，创新本质上是低效的，因为它是一个探索、尝试、犯错、冒险

图 I–1　创新实力：严谨有序 + 创新能力

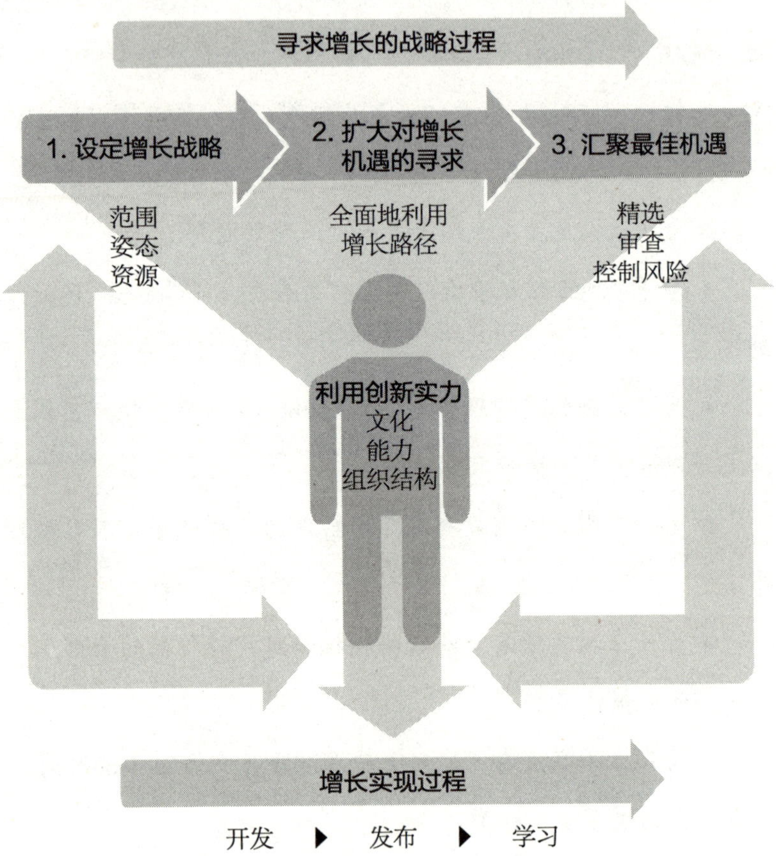

的过程。有效的增长寻求过程可以在发散（不断扩大对机遇的寻找）和汇聚（关注最佳机遇）之间找到平衡。这一平衡很容易失去。随着自上而下的有机增长压力变大，增长计划将快速增多，以致公司组织来不及将这些计划推向市场。这将不可避免地造成组织内部发生“交通拥堵”，带来延迟、挫败和失望。乐高集团首席执行官乔根·维格·克努德斯托普曾敏锐地指出：“公司不会死于饥饿，只会死于消化不良。”

如图I-1所示，一个严谨有序的增长寻求过程包括设定增长战略，扩大对增长机遇的寻求和汇聚最佳战略。这些步骤需要依靠3C的支持，即文化、能力和组织结构，这三者决定了创新能力。这些步骤结合起来，如图I-1所示，就决定了创新实力。因此，图I-1便是本书的总体框架。当然，还有另外一套步骤可以从创新中获益——增长实现过程，如图I-1下方所示。如前面所言，增长实现过程不是本书的关注重点。对于将创新推向市场的开发和实施活动，我将留给那些更为关注这一领域的专家们。

接下来的每一章就将讨论增长过程以及创新实力拓展中的某个特定阶段。第一章关注的是如何设定符合实际的、可以达成的增长战略，同时推动公司加速增长。第二章讨论如何扩大对增长机遇的寻求。我设计了一个增长寻求路线图，在这之前，我将介绍全面创新的14条路径。第三章介绍了一个非常不容易的过程，即如何汇聚最佳机遇，选择并抓住少数几个有机会成功推向市场的机遇，从而在风险和回报之间保持平衡。最后，在第四章中，我将把目光转向创新活动中的人，介绍增长领跑公司如何有艺术地将他们的文化、能力和组织结构相结合，来培养和实践人的创新实力。

创新实力需要一个严谨有序的增长过程，但仅有增长过程还不够。增长过程不具备眼光，不会创造性地解决问题，也不会与客户打交道。公司只有具备文化、能力和组织结构才能促进有机增长。如果没有这个公司组织来支持增长战略，或者增长战略不支持这样一个公司组织，那么，无论你付出多少努力，拓展和实践创新实力都不会得到回报。

打造优越的创新实力不是一件容易的事，也不是一朝一夕就能完成的。很多公司都想成为增长领跑公司但却没有成功。原因无非有二：缺乏相关知识以及没有下定决心。本书将通过一种有效而全面的方法帮助公司的管理团队打造创新实力，加速增长。通过给他们指明方向，本书还可以令他们更加有信心地进行必要的投资。如今，客户的要求越来越高，竞争越来越有挑战性，技术的进步开辟了更多新奇的方式来为客户创造价值。因此，这本书在此时做出这番承诺是再合适不过的了。

INNOVATION
PROWESS

第一章

CHAPTER 1

制定增长战略

增长战略是一份关于增长目标和方向的声明。与其说它像一幅路线图，具有明确的路径和地标，不如说它是设定好的罗盘。制定增长战略的目标是为寻求机会指引方向，明确所需的资源，为重大战略选择提供指导，以及动员整个组织。因为增长战略目标明确，它可以使你对每个选择进行判断，看这一选择是否有助于你抵达目的地。

强大的增长战略能够应对四个重要问题：

1. 增长目标：你希望的收益和利润以多快的速度增长？为了实现未来的目标、消除增长缺口，必须做哪些投资？

2. 范围和界限：这项业务应该在多大范围内寻求增长机遇？哪些选择是越界的？

3. 战略姿态：这项业务是一个先行者，一个快速的跟随者，还是成熟市场中寻找空缺的发现者？这项业务的创新途径是开放的还是封闭的？收购式增长和有机增长之间合适的平衡点在哪里？

4. 资源配置：在保护核心业务和进行长期风险投资之间，人员和资金应该如何配置？

普莱克斯（Praxair）便是一个例子，它很好地证明了一个清晰的增长战略可以带来丰厚回报。2004年，这家工业气体全球制造商，决定利用五年时间将收益提高20亿美元。其中一半是通过收购，另外一半则通过每年2亿美元的、两位数的有机增长速度实现。而仅靠公司的核心业务，即重新包装氦气、氢气、氧气等气体，每年的增长远不能完成这一目标。有机增长目标又被分解为几个可执行类：第一个15%来自基础业务以及当前市场服务新渠道的增量增长；其余的来自新的服务，如油气井注氮，检修MRI磁体中的氦冷却剂，以及为生物科学产业开发新的反应堆冷却和注氮冷却方法等。这些增长计划来自普莱克斯对不断变化的客户需求的深入了解，掌握了现有的工业气体生产、运输能力及其对燃烧、冷冻和金属制备的技术。

根据普莱克斯的增长战略，管理部门负责设定目标，配置资源，确认投资需求并对进展情况进行评估。而探索市场、对机遇进行审查、策划具体项目则主要由市场部负责，但高级管理层会一直给予其支持和监督。根据这些决策，公司营业额从2005年的65.9亿美元（净收益6.97亿美元）增长到2010年的101.2亿美元（净收益12亿美元）——尽管公司的一些主要市场如钢铁和汽车市场在2008年至2009年的经济衰退中遭受重创。

设计增长战略需要详细地考虑各个要素。首先，必须设定符合实际的增长目标。这包含两个步骤：校准增长缺口，然后对现有的、旨在消除这一缺口的增长计划组合进行评估。其次，针对增长缺口，再确定寻求其他增长机遇的范围和界限。再次，就如何发现和开发增长机遇，你必须明确战略姿态。最后，你必须确保有足够的资源来实现这些增长目标。

第一节　设定增长目标：我们能否消除增长缺口

对于营业收入和营业利润的未来增长目标，一般来自于内部反复协商。在协商的开始，管理团队设定好增长指标，以实现股东的目标。一般情况下，这要求将业务限制在公司的能力范围之内。股东坚持自己的投资要得到较高的回报率，这要求公司以比竞争对手有更快的增长速度，并更好地利用投资机遇。

因为增长目标一般是自上而下设定的，日益激进的指标和趋于规避风险的增长计划之间往往存在较大的缺口。我研究过很多公司，也为很多公司做过咨询，我总是发现，自上而下的增长计划往往不能反映公司业务的势头或现有增长计划的前景、时机和风险性。高级管理层习惯设定高于现实的增长目标以取悦公司股东，尤其是当管理层脱离客户和市场、不了解创新的反馈意见时。

设计一个可行的增长策略要从客观地看待增长趋势、增长势头与增长目标之间的关系开始。关键的问题是，现有的增长计划是否能消除增长目标与增长势头之间的缺口。要了解“什么是可达成的”（而不是“什么是想达成的”），管理层首先需要仔细分析以往的增长来源，并对每项增长来源是否能带来未来的增长进行客观预测。

评估增长缺口

首先，对往年的收益增长情况进行分解。在回顾过去的三至五年时，应更加侧重于近期的情况。该方法有助于对潜在收益增长来源建立一个客观的认识。为了更准确地把握增长来源和增长趋势，对增长情况的分析要对之前的增长进行分类。通常情况是，管理团队在分析增长情况时会被一个由内而外的框架框住。这种框架注重财务和产品线，而不是客户。这是一个错误。那么，更好的方法是通过以客户为中心的六个类别来分析增长。这六个类别是根据增长战略而选出的，而这些战略可能性较大。图1-1给出了一个例子，这六大增长来源中，有四个来自核心业务：

- 目标服务市场扩张带来的销售额——假设市场份额保持不变（市场增长）
- 价格变动带来的收益

图 1-1　有机增长的来源分析

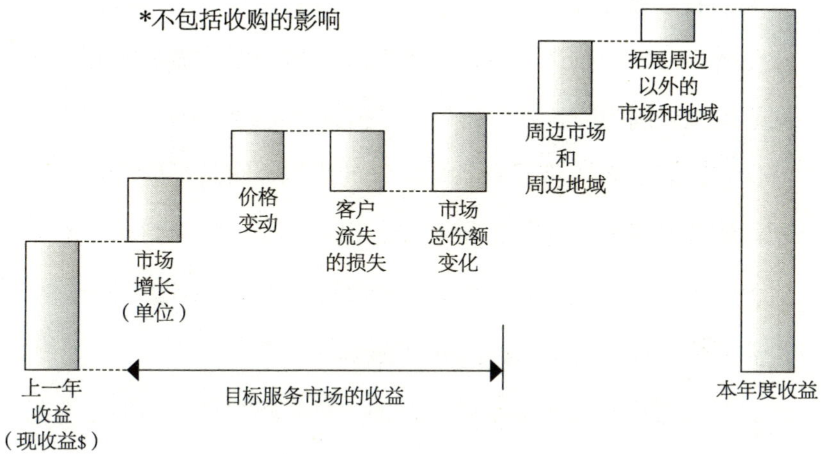

- **客户流失带来的损失**
- **市场总份额的变化**

降低客户流失带来的损失是增长的重要来源——一般情况下，公司每年有18%的客户流失率，如果能将这个幅度降低2%，也就意味着公司的总收入能上升2%。

增长的另外两个来源来自核心业务的扩张。这些包括对周边市场或地域的扩张，以及对全新产品、全新地域和全新业务模式的大胆扩张。

校准增长缺口

下一步要做的是预测增长势头。这么做的目的是在当前战略和形势保持总体不变的情况下，对两年、三年或五年后的销售额和利润进行评估。这听起来简单，其实不然。在关于未来业务的信念和设想上，管理团队必须达成一致。增长的势头不同于惯性，因为前者要假设今后将根据市场力量进行适当调整，并保持改进。势头将受到各种因素的影响，有的是促进收益和利润增长的因素，包括市场增长、市场份额和边际利润方面的竞争压力，另外还包括潜在的生产力的提高。预测增长势头时，也要将增长计划所带来的贡献考虑在内。

所有对势头的预测都是投机的；预测的越远，不确定性就越大。应对该问题的一种方法就是通过预测最佳情况和最差情况得出“不确定性锥体”（见图1-2）。对于未来，看得越远，围绕在假设周围的不确定性锥体就大，最佳情况和最差情况之间的面积也就越大。

消除增长缺口

下一步就是要将增长势头与现有的增长目标进行比较。比较后，一般会发现公司的增长势头和增长目标之间存在一个显著的缺口，如图1-2所示。

为什么有那么多的公司觉得消除增长差距是一件困难的事情？有一派学者强调是外部的限制：公司陷入饱和的“红海”市场，客户受到挤压并对公司施加压力，因此公司不得不与采

图 1-2 势头预测和增长缺口

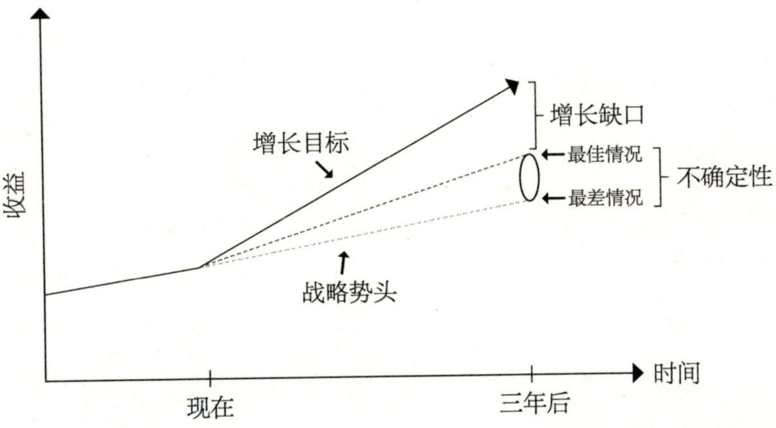

用相似战略的竞争对手抢占市场。其他学者把矛头指向了内部障碍：短期利益颠覆了长期的目标；来自客户和销售人员的眼前需要攫取了稀少的公司发展资源；公司普遍缺少创新实力。

这些内外部因素加起来就会使“小i”创新（小规模创新）替代“大I”创新（大规模创新）。大多数增长计划将向创新连续系统中“小i”的一端严重倾斜。

“小i”创新占公司创新计划的85%到90%，但是并不会带来多少额外增长。相反，造成的结果却是公司内部发生交通阻塞，增量计划拖慢所有项目的进程，给公司组织施压，使公司无法完成目标。另外，“小i”创新会消耗用于研发的预算，因为公司要持续改善产品，以满足客户和销售人员的需求。同时，它也会使公司对“大I”创新感到反感，因为公司会认为“大I”创新风险太高，回报来tj 太迟。

“小i”创新 ⟷	“大I”创新
• 利用现有能力 • 增量 • 持续改进 • “红海”市场（从竞争对手中杀出血路）	• 探索新市场 • 突破 • 扰乱的/不连续的 • “蓝海”市场（没有竞争的空白市场）
↓	↓
风险小—回报小	风险高—回报高

评估风险

公司要对创新计划组合进行评估，需要对各种增长计划的风险和回报情况有一个清楚的了解，无论是“小i”创新还是“大I”创新。“创新风险矩阵”根据项目大小，利用一个特别的评分系统来对风险进行评估，以帮助公司估算每项创新计划成功或失败的概率。

每项创新计划通过两个维度进行标注：公司对目标市场的熟悉程度，以及产品或技术是否与市场上现有的产品或技术类似。该矩阵的资料来源很多，包括多年前一些咨询报告和产品及服务创新账目核查。当时，我为一家公司财团做咨询，研究创新和增长挑战。如果结果比立项时设定的原始财务目标和市

图 1–3 创新风险矩阵

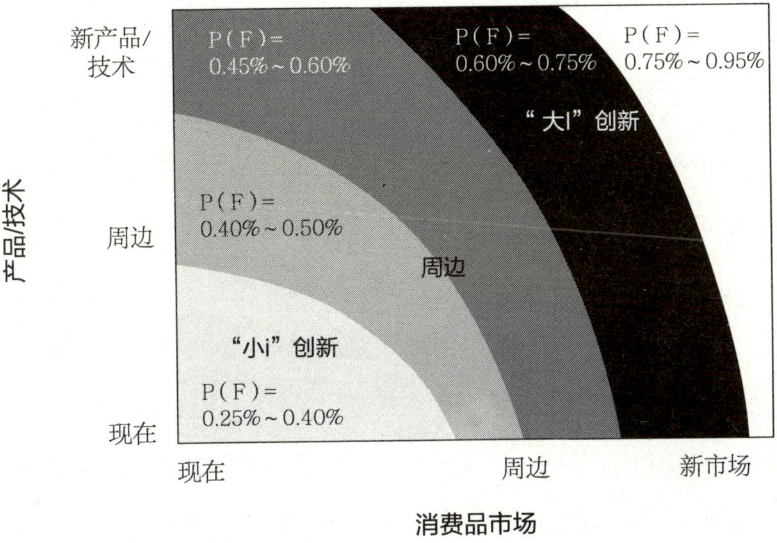

P(F)=失败概率

场目标低35%或更多，那么该项目就会被定义为失败。而所得结果与近年来的调查是一致的——根据后者，新项目的总体失败率接近40%。“彩虹带”中有概率范围，主要是因为各公司在管控风险、规避不必要的失败方面能力各有差异。

大多数公司发现，当他们把所有的增长计划标注在矩阵中时，大多数计划都集中在左下方的低风险、低回报区域。相对而言，很少有项目能够进入周边市场或成为“大I”计划。周边市场和“大I”计划虽然风险很高，却有望带来大幅度的有机增长。对开发项目进行评估的财务标准，如贴现现金流量分析等，通常对延期的回报和“大I”创新中内在的不确定性不利。

创新组合的增长潜力

要想设定切合实际的增长目标，下一步要做的就是检查现有的创新组合，包括新产品以及进军新市场的计划等。要展现公司正积极推进的全部增长计划，方法有很多。我使用的是创新风险矩阵，因为它可以清晰地呈现出每项计划的风险情况以及计划组合的潜力。把所有正在进行的增长计划囊括其中，可能出乎意料的困难。研发部门对技术和新产品计划如数家珍，但其他增长计划也许分散在组织的各个部门：市场部可能正与合资伙伴共同开拓新的消费品市场；高级管理层也许正投资一家初创企业，或考虑对商业模式进行创新。

接下来，将每项增长计划放入创新风险矩阵中定位。一项计划在矩阵中的位置由它在一系列因素中的得分决定，如目标客户的行为在多大程度上与公司现有客户的行为相匹配，公司品牌在多大程度上与目标市场相贴近，以及公司的技术能力在新产品上的应用程度等。增长计划的定位模板请见附录A。

一个具体项目在矩阵中的定位需要深刻的洞察力。例如，当麦当劳想出售披萨时，认为这个新产品非常贴近现有的快餐产品，因此把目标客户也定位为现有的客户。根据这一假设，对于目前市场来说，披萨应该是一个比较熟悉的产品，在创新风险矩阵中应处于左下方位置。但是，这个项目失败了。事后分析发现，披萨的推出其实风险重重。没有人能弄清楚如何在30秒或更短时间内烤好披萨，而披萨订单在外卖窗口大量积压，破坏了麦当劳的服务传递模式。

我建议，由一个计划组合审查小组来分析现有的增长计划组合。这个审查小组一般由高级管理层组成，他们进行战略监督，并决定发展预算和预算配置。每位小组成员对每个项目分别打分，并对打分的理由做出解释。当意见出现分歧时，他们对分歧的原因进行讨论，以达成共识。每项计划在矩阵中的位置共同组成了计划组合的整体健康状况（每项计划由一个点表示，点的大小与该项目的预算收入成比例）。在图1-4中的计划组合中，占主导地位的是相对风险低、回报低的项目，这也是大多数公司创新计划组合的典型情况。

最后一步是预测创新组合中每项计划可能产生的风险调整后收益和利润。它们对消除增长缺口的贡献取决于：(a)它们是否有可能得到发展，(b)它们何时得以启动，以及(c)它们进入市场后成功的概率有多大。每个规划周期年，组合中每个计划所做的贡献就会累计起来。增长缺口越大，在可以预见的将来，创新组合消除增长缺口的可能性就越小。

当要根据现有的增长计划重新评估增长缺口时，你可能需

图 1-4　创新组合

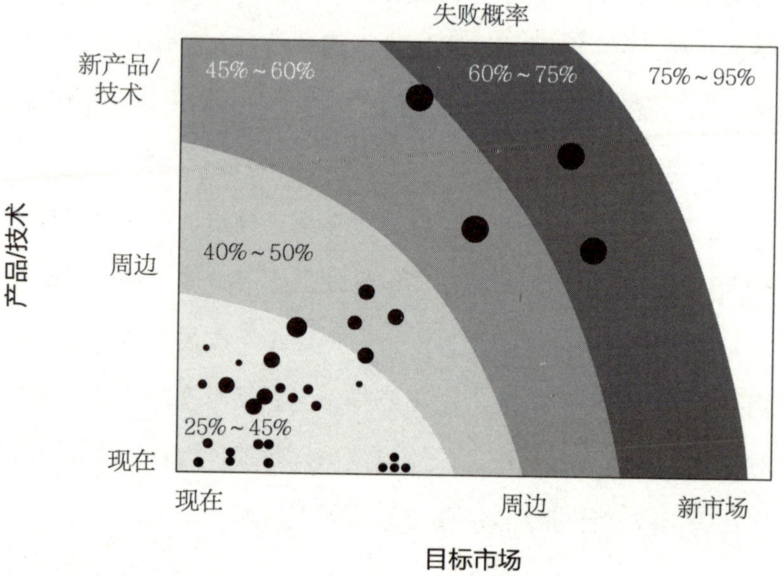

* 图中的圆点反映出一个项目相对于计划组合中其他项目的预期销售规模（以及/或预期利润）。

要对增长目标进行权衡。也许可能实现收入增长目标，但没有实现收入目标。不过，在寻找更好机遇的过程中，增长缺口会一直在扩大。应该怎样引导对机遇的寻求呢？

第二节　确立范围和界限

当面对巨大的增长缺口，创新组合中缺少“大I”创新或有吸引力的周边项目时，一些管理者会感到恐慌。这种情况下，恐慌会使他们毫无章法地寻求一些大创意，并接受它们，哪怕这些创意风险过大，或者公司根本无力实现。虽然雄心勃勃的增长目标要在当前服务市场和商业模式外寻求机遇，内行的管理者却知道，应该把对机遇的寻求设定在一定范围之内。

范围的价值

著名的乐高集团就因为网撒太大而给我们留下了一个教训。20世纪90年代末，公司听从了“跳出框架思维”的建议，开始进军视频游戏和电影界，兴建主题公园和学习中心，以寻求新的游戏体验。这些计划多数给公司造成了损失。2003年，乐高集团曾一度濒临破产。为应对这一情况，公司管理层将创新活动的重心重新放到了传统的、乐高赖以成名的游戏体验上，并大幅削减对新体验的投入。“少即是多”，乐高又重新成为一家领先的创新公司。

设定范围和界限的方法是否严谨，主要看能否帮助公司解决以下问题：

- 哪些领域是比较合适的，能支持公司的核心业务？（这些是指“小i”创新，是公司保持竞争力的必要条件。）
- 从哪里寻求新的增长机遇，可以拓展而不是耗费公司创新能力，能让管理者了解自己的自由程度？
- 哪些是超过范围的，因为它们转移了资源，实施的机会却很小？

增长领跑公司通过两种方法来寻找这些问题的答案。第一，他们通过由外而内的方式思考问题，站在客户、渠道伙伴和竞争对手的立场上看待增长的前景。其次，他们看向周边，借助于现有的业务知识和能力，在周边市场或周边产品上实现风险和回报的最佳平衡。

施乐公司便成功地走出了自己的传统领域，灵活地结合了收购策略和对周边产品的试探。施乐迈出第一步是在2009年，当时它收购了联盟计算机服务公司（Affiliated Computer Service），该公司是一家拥有7.4万名员工的文件管理公司，为企业、国家政府和法律界提供服务。这为施乐拓展领域提供了一个产品发布平台，它不再仅仅生产复印机、打印机或文件处理设备，而是帮助公司转换复杂而烦琐的业务流程。为支持这一服务的迈进，施乐开发了基于网络的文档工具，帮助银行简化贷款审批流程，也便于法律公司查找和管理数以百万的文档。

从由外而内开始

有了由外而内的思考方式，增长战略对话就是从市场开始。顶层团队站在公司外围，首先看市场：我们的客户是怎样变化的，为什么会变化？他们有哪些新的需求？我们怎样帮助他们解决困难，变得更加成功？我们如何能满足非消费者的需求？哪些障碍会抑制消费行为？有哪些竞争对手潜伏在拐角处？我们如何使他们的努力成为徒劳？

杰夫·贝索斯，亚马逊网站创始人、董事会主席，便是这种方式的拥趸。他描述了亚马逊如何成功满足客户对网络服务的需求（向客户提供云计算网络）以及如何为客户提供更便捷的阅读体验（Kindle电子书）。他将其描述为一种“向后看”的思维模式：

与其问我们擅长什么、我们可以利用自己的一技之长做什么，不如问我们的客户是谁、他们需要什么。然后你可以说：无论我们是否具备相关技术，我们都要把他们想要的提供出来；我们会学会这些技术，无论需要多长时间……我想，很多管理者都会认为专注本行才是正道——专注于自己擅长的领域。这也许是一条普遍真理，但问题是，如果你不与时俱进，丰富自己的技能，世界就会在不知不觉中悄然改变。

由内而外的思维

由内而外思维要问的是：公司可以调动和利用哪些已有的核心资产和能力？康宁玻璃公司就是一个在已有能力基础上发展起来的典型例子。在网络泡沫时期，因为通信网络建设对光纤电缆的大量需求，康宁玻璃获得了飞跃发展。但在网络泡沫

图 1-5　由外而内与由内而外的结合

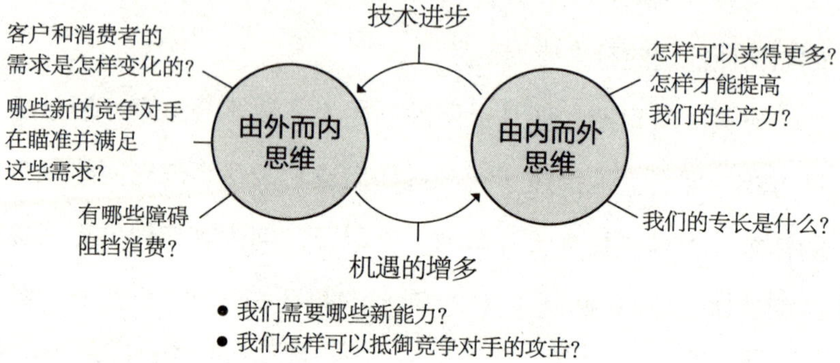

破灭后，康宁公司的股价从100美元狂跌至1美元。在这种情况下，领导层不得不重新考虑增长战略——有没有打开成功的“万能钥匙”。他们后来总结，公司应基于其核心的玻璃技术，深入了解客户的需求，对风险有清晰认识的同时，勇于挑战大的风险。最大的机遇来自于其自主开发的汽车挡风玻璃生产工艺。这种工艺也可以应用在平板液晶显示器的玻璃上。这个被称为“Gorilla Glass”的技术最初被拓展到手机屏幕，后来又发展到笔记本电脑和台式机的显示器，并继续延伸到电视机甚至更大的显示器。

康宁玻璃的例子说明，有了技术进步的支持，创造性地将由外而内思维加上由内而外思维就能带来回报。当然，关键还在于要从外部出发，打开思维，不要过多专注于从已有资产和能力中获取回报，从而避免目光短浅造成的问题。

詹姆斯·戴森对真空吸尘器的改进也是得益于这种将两者相结合的方式。当吸尘器不能吸尘时，每个客户都会感到头疼。这是因为当集尘袋塞满脏东西后，就会堵住进气孔，切断吸力。很明显，这是一个设计缺陷。但一个世纪以来，吸尘器一直都是如此。戴森找到了解决的方法，他使用一种新设计，利用有力的离心力将灰尘和空气分开。虽然这个创意看似应是几十年前的产物，但事实上，的确是近年来有了聚碳酸酯塑料的技术革新后，才催生了这一方法。

周边：利润增长的最佳点

虽然“小i”项目是公司持续发展的必要条件，但是它们不能使公司具有竞争优势，也不会为公司创造更多利润。只有进军周边甚至更大范围的市场，才能有望获得足够的利润来消除增长缺口。

周边可以更好地平衡风险和回报，因为是在公司业务的资源和市场知识基础上向新的领地进军。周边市场与公司目前服务的市场是有相似性的，因为公司的品牌承诺和客户关系与新市场具有一定相关性，并且分销和销售活动也会部分重合。例如，美国保险公司USAA就发现了一个有利可图的周边市场，即军人的亲属（美国武装部队是他们的原有市场）。一些现有的竞争对手也会出现在周边市场，因此有助于公司更好地预测周边市场的竞争行为。周边产品或技术则与公司的价值链、技术能力及生产能力、质量标准等有重合，因此有助于公司利用其知识储备。

大多数公司都会绕开风险很大的“大I”项目，这些业务与公司当前的业务毫无关系。增长领跑公司会非常谨慎地逐步拓展周边市场，以实现可持续增长。首先，他们认识到并控制周边拓展行动伴随的风险，然后在已经拓展的周边基础上，进一步向更远的周边进发。他们很少一下就跳到较远的、不相关的市场中去。电梯生产商奥的斯从电梯和电梯部件做起，然后拓展到一些服务领域，如融资、维修和智能监控等；等有了这些知识和市场信誉，奥的斯又开始涉足服务合同以及“建设、维修和运行”合同领域。成功进军周边为增长建立了新的平台，就像孙子曾经说过的，“抓住的机会越多，出现的机会也就越多。”

第三节　明确战略姿态

下一步就是要决定如何着手寻找增长机遇，消除增长缺口。遗憾的是，这部分增长战略最难以表述清楚。你不妨将战略姿态视为一个三脚凳，它反映出你对某些增长方式的态度。凳子的每个脚代表一个战略倾向：自我发展还是收购，或者两者兼有；开放还是封闭；创造还是模仿。这些都不是非A即B的选择题。每个问题的选择都要在一个连续时间线中做出——但正是这个连续的时间线具有非常重要的作用，因为它可以让你明确公司的态度。这些选择以及为何做出这些选择都要向管理团队中的每个成员解释清楚，这样才能理解、探究和怀疑他们是否为未来做出了最正确的选择。这么做的回报就是，组织更加团结，误解更少，决策更加英明。

自我发展、收购，还是两者兼有

公司或商业单位有无数方法可以提高总收入以及净收入。我们关注的是有机增长，而有机增长要通过组织的创新实力来实现。之所以称其为“有机”，是因为这种增长来自组织内部，并通过组织的资源、独创性和集中的力量来实现。

非有机增长也一直都是选择之一，通过收购现成的公司来实现。而这些公司往往具有完全的收入和利润纪录。收购另一家公司可以迅速进入一个陌生的、具有风险的新市场，快速提供新技术使用所需要的技能，并扩大渠道和市场范围。小型收购可以为公司在新的行业中提供立足点，并从这个立足点中了解这块陌生土壤的现实情况。但是，收购风险很大，因为预期的利润往往实现不了。兴致勃勃的买方倾向于花大价钱进行收购，对于收购后人员、公司流程和技术的吸收也往往过于乐观。

而文化冲突可能造成员工之间发生摩擦。

虽然有机增长速度更慢，但是经过风险调整，却往往能带来更好的经济回报。可能与我们的直觉相反，但有机增长往往代价更低。如果一家公司有一个稳定有机增长记录，股票市场就有理由期望该公司的有机增长继续保持，从而实现更高的股价收益率。同时，公司负担的债务也更少，组织压力便得到减轻。随着新技术的开发、能力的提升、在周边市场看到的机会更多，公司就会在一个更加稳定的平台上继续增长。

互补型增长方式

有机增长（自我发展）和非有机增长（收购），哪个是最佳的增长方式？这样的选择过于粗糙，也会起到相反作用。我们要做的是在两者之间找到恰当的平衡，使两者互相补充。首先，我们不妨将自我发展和收购置于一个连续时间线的两端，中间则充满很多可能性，如图1-6所示。

深谙其道的公司会对该连续时间线中的每个点进行投资。思科公司便是一个很好的例子。它熟练地将每种机制结合起来，推动其增长。在连续时间线中“自我发展”这一端，思科公司拥有两万名工程师在拓展和改进现有产品并研发下一代新产品。这些人通常在一个开放的网络中与外部伙伴合作，以接触新的技术和市场概念。否则，公司就要花更长时间来发展自身的内

图 1-6 有机—非有机增长连续时间线

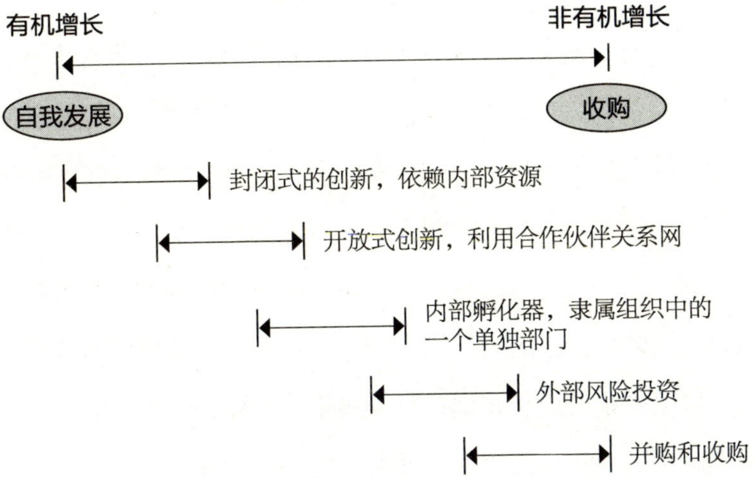

部能力。对于超出公司能力的突破性创新或扰乱性创新，思科也建立了一个内部孵化器，成为“新兴技术小组”，这个小组直接向首席执行官汇报工作。无论公司情况良好还是糟糕，该小组的预算都能得到保障。这些内部孵化创新成功的概率平均约为44%。思科也大量投资小型创业公司，研发新应用和新一代技术，为公司增长提供新途径。对于这些外部风险公司，思科先拿到小部分最初股权，并提供工程专家和市场分析支持。如果某个创业公司成功了，思科就可能将剩下的公司买断，使原本分开的这家创业公司“合并”进来。最后我们看到，思科一直在积极收购持续盈利的公司。

开放式、封闭式还是混合式

很少有公司会完全使用开放式的创新过程，依赖合作伙伴开展主要活动，或者完全使用封闭式的创新过程，任何事都在公司内部完成。这种封闭式或者叫垂直一体化的模式在20世纪80年代一度盛行，但后来很多公司开始实行开放式创新，并在创意的质量、新技术的获取以及市场时机的把握方面都取得了意想不到的收获。之后，人们越来越认识到，重要创新往往来自于愿意授权或出售知识产权的中小型企业，这就为开放式创新提供了进一步动力。如今随着因特网的发展，开放式创新遍地开花。现在公司可以很轻易地通过多种机制获取外部资源，这些机制包括创新竞赛以及专门的开放式创新服务供应商，如位于美国麻省的创新动力中心公司（InnoCentive）。

选择开放式创新不是简单地依赖几家研发伙伴，在新兴公司身上下赌注，或是在因特网上发布悬赏。开放式创新要求改变思维，放弃对所有权的部分控制。虽然你必须放弃部分所有权，但公司之外的合作伙伴却可能与公司配合得更加密切。

宝洁公司成功的“联系+发展”模式加快了封闭式创新到开放式创新的转变。他们达成了一个共识，在每位宝洁研究员的领域内，其实都有200名与他们同样优秀的科学家和工程师在做出贡献；并且，就历史来看，宝洁公司很多好的创意都来自于跨部门的团队合作。以首席执行官雷富礼为首的高级管理层非常支持该模式，这一点至关重要。雷富礼设定了一个目标，即公司未来半数新产品将来自合作伙伴。

至于创新过程应该在多大程度上开放，这个问题也没有所谓的正确或错误的回答——但是管理团队必须表明态度。为抢在竞争对手之前占据优势，公司必须做好准备，在以下方面进行投资，包括合作能力（如寻找最佳合作伙伴的能力）以及团队协作活动，并激励跨部门合作。我们将在第四章中深入分析这些技巧和能力。

先锋，快速跟随者，还是模仿者

战略姿态三脚凳的第三只脚决定了企业的创新方式——先发制人的先锋还是观望之后的模仿者。这就是经典的“探索与利用”两种战略之间的选择。当新的市场机遇出现时，如果这个机遇涵盖在某企业玩家的潜在业务范围之内，那么这个企业玩家就要决定是率先进入市场，打造主导市场的设计以先发制人，还是先观望会儿，待疑云逐渐消散再采取行动。

先锋们总是愿意接受更多风险，对初期的研发能力进行投资，以获得技术优势，并产生更多机遇。然后这些开拓者就可以抵御竞争对手的攻击。初期的创业公司一般惯用这一姿态，它们希望最终能公开募股，或者被一家实力雄厚的公司收购。

单纯的先驱姿态还有一种变体，就是下意识地决定成为先锋的快速者，成为进入市场的第二人。成熟的企业一般会采取这种做法，因为新技术或新的商业模式也许会破坏他们的核心业务。尽管某一创新是否能变得成熟并不是他们的兴趣所在，但是当新市场出现时，他们却一定有兴趣成为这一新市场的领导者。快速跟随的公司因为没有意愿首先采取行动，所以在看到某一创新得到扶持后，他们就会立刻做好准备，行动起来。为了保持成功纪录，他们必须掌握好新技术（也许采取的是开放式创新途径），具备蓄势待发的产品和业务模式，准备好生产和采购计划，并制定出一个明确的、关于如何进军新市场的市场战略。要采取快速跟随战略，公司必须做好准备，做先驱者做过的所有事情——包括具备高水平的市场感应能力——同时继续推进自己的核心业务，观察该创新所在的市场是否具有消退迹象。

除了快速跟随者，公司还可以采取模仿者的姿态。这意味着，公司利用大品牌、独特的市场渠道或低成本的生产优势对先锋们创造的机遇进行投资。这样风险更小，但回报也更少。成功的模仿者能熟练发掘市场空白。模仿者并不总是采取“我也一样”的策略，因为这样不会使顾客愿意换成他们的品牌，除非价格大幅削减。“创新的模仿者”可能更了解消费者，从而发现改进客户价值的机会。因此，绿山咖啡公司富有创意地模仿了欧洲精细昂贵的单杯咖啡机，并在此基础上对业务模式进行创新，使其更加简单，更加便宜。他们的克里格咖啡机采用了搭配销售的模式，在低价出售咖啡机的同时，一次性咖啡杯的销量也让绿山咖啡赚得盆满钵满。

第四节　资源配置

要破坏一个雄心勃勃的增长战略，最快的方式就是不立刻拨出足够的资金和人力。在产出利润和建立组织能力，开发和实施增长计划，生成利润、产出收益等过程，都需要时间。如果没有配置足够的资源，增长战略的主要实施者就会认为高级管理层对该战略或增长目标没有兴趣，从而打消念头，回归业务常态。

因此，决策的关键便在于，应该在“小i”创新上投入多少，以保护核心业务，同时应在周边市场和“大I”创新上投入多少，即回报周期更长的有机增长投资。这一选择无法回避，不妨通过以下问题谨慎处理：

- 收购可以带来多少增长？这是什么性质的增长？很多公司选择花钱进入核心业务以外的市场，如对小型创业公司进行学习型投资或接手已成熟的企业等。这一问题的答案取决于有多少这样的公司让你选择，而高科技领域往往候选公司很多，如生物制药。

● 当前的策略势头可以带来多少增长？如果势头预计会停止，那更多的资源应该被配置到周边市场和“大I”创新机遇中去。还要考虑的一点是：公司是市场领跑者，迫切希望保护自己的地位，还是走小众路线，满足于自己的方寸之地？

● 我们的产业结构允许我们做什么？ 这里的约束条件包括：服务市场的成熟度，业务的资本密集度，对知识产权的保护是否有力等。因此，比起固定的消费食品领域，迅速发展的移动通信领域更加支持技术创新带来的机遇。消费食品领域的创新多为渐进的生产线延伸、品质升级等其他“小i”创新。

● 公司业务是否有经验将重大的增长计划带入市场？如果公司的增长文化氛围浓厚，有扎实的能力和可靠的工作业绩，那它就能轻松地将一大笔资源配置给更具风险的周边项目和“大I”项目。

重要的是，每个公司的资源配置都反映着自身的期望和能力。因此并没有什么适合每家公司的“神奇配方”。但是，近期有项研究发现增长领跑公司在资源配置上还是存在以下的相似性：

● 70%的资源配置给核心业务，支持“小i”创新；

● 20%的资源配置给周边产品或市场；

● 10%的资源配置给“大I”创新。

该研究声称，很多行业中的高股价表现都与该分解式相关。

尽管对此应保持充分怀疑的态度，但这个分解式为公司内部讨论当前配置是否正确提供了一个很好的开端。下面我们就可以进一步推断每项开支的资金来源。每个业务部门都可以而且应该从年度预算中拿出资金支持“小i”创新，甚至是临近的周边产品或市场。而争论的焦点总是集中在更具风险的周边市场和“大I”创新的资助上。业务部门痛恨并抵制他们预算内再加入企业创新税，因为他们看不到创新带来的效益。因此，应该在业务部门的损益控制之外单独设立企业创新基金，来支持这些风险更大的举措。宝洁公司的经验很有指导意义，也令人警醒。在2003到2008年之间，企业创新主要由业务部门的主管负责，他们出于对短期的利润考虑，限制了对研发的投入。宝洁首席技术官布鲁斯·布朗指出，到2010年，大的产品技术突破平均每年不足6个，因为大家把注意力和资源都放到了“小i”创新上。

第五节　管理者指南：增长战略测试

本章中，我根据以往的最佳经验给大家提供了一个模板来给公司设计增长战略，使公司更有活力，更加专注。模板中的要素不能被忽略——因为它们决定了公司如何创新，如何决策。对于这些决策，你必须进行开放式的沟通，而不是保持沉默，不进行检验。要将这些关键要素公布于众，管理团队应该提一些探究性的、有启发意义的问题：

● 高层管理团队中有多少人认可这些增长目标，并有信心完成？

● 增长战略和增长目标有哪些重要假设作为支撑？依据是否充分有力？

● 机遇组合中的增长计划是否会消除预期中的增长缺口？

● 关于范围和姿态的选择是否能达成共识？母公司是否支持这些选择？

● 以往的收购记录情况怎样？收购什么时候令人失望，什么时候获得成功？怎样做可以提高成功率？

● 与我们直接的竞争对手或潜在对手相比，公司在确认、评估和整合收购方面的能力如何？

● 在开放式创新能力建设以及与最佳发展伙伴、技术伙伴和市场伙伴的合作上，我们是领先于竞争对手还是落后于竞争对手？

● 我们的机遇更适合采取哪种姿态——开拓的先锋，快速跟随者，还是模仿者？我们的传统和管理“基因”希望我们采取哪种姿态？

● 我们在核心业务、周边市场和高风险“大I”创新上的人员和资金配置分别是多少？这一资源配置与我们的竞争对手相比情况如何？资源应以何种比例分配才能消除增长缺口？

INNOVATION PROWESS

第二章

CHAPTER 2

积极寻求增长机遇

所有公司都不乏创意以实现突破。哪怕只是应对竞争也会产生很多可能性：研发部门设计新的产品特性，提升产品性能，研发新技术；分销商、销售人员和员工就新产品提出建议；对竞争对手的创新进行模仿时，有赶超竞争对手的压力；战略的改变要求（启发）创新支持。虽然应该对这些创意的灵感之源进行鼓励，但是比起针对性地寻找，这种靠等待、被动的方式很难产生伟大的创意。

比起坐等机遇出现，有针对性地寻找实现增长战略的机遇，可以帮你更早地发现好创意。如果竞争对手先发现了一个创意，那么你想再取得先机就困难很多。如果只是在熟悉的领域寻找机遇，那么回报就会更少，因为大部分的拓展性活动都已经在过去开展过了。

为了对抗习惯思维的片面性，我设计了一种全面的创新方式，包括14条增长路径。这些路径可以使公司拓展、推进、重新设想公司战略的每个方面，包括客户价值主张和商业模式等。

第一节 全面的创新

杜邦公司从1865年就开始生产硫酸，当时它还是用四轮马车给洛克菲勒的第一家炼油厂运送硫酸。这是一个增长慢、靠价格竞争的市场，当然也是一片利润荒地。那么，为什么杜邦公司的硫酸业务仍然屹立不倒？因为杜邦公司发现了一个极好的增长机遇，即高效的废硫酸再生业务。对炼油厂来说，废硫酸价值很高，因为炼油厂要在减少硫酸排放的同时用更多的硫酸来加工高硫原油。杜邦公司在炼油厂里面建起硫酸生产设施，这些设施归杜邦公司所有，由杜邦公司运营和维护，不仅将炼油厂的废硫酸进行再生，还能收集排放出的酸气体。这是高度成熟的化工市场中出现的一个成功案例，展示了全面创新方式的主要特征，同时也验证了一句老话：世界上没有商品，只有商品思维。

当前对创新的很多讨论都比较狭隘，把创新理念主要局限在设计和功能上。这些创新很吸引人眼球，因为即使是旁观者也会觉得它们很重要。例如，苹果公司的音乐播放器iPod或亚马逊网站的电子书阅读器Kindle是其他产品无法比拟的，发布时显得与市面上任何产品都不一样。但是，这种创新观太过狭隘——限制了太多公司的增长。发展创新实力的一个主要因素是打破这种狭隘的思维，在所有的可能性中寻找有价值的创新——从而带来增长。

在全面思考创新机遇之前，不妨考虑一下公司的市场参与。公司的市场参与分为两个方面：公司提供给客户的价值和公司的商业模式——或者换句话说，公司的价值创造系统和价值获取系统。对成功的公司而言，客户价值主张和商业模式是紧密结合的。这一紧密结合可以确保公司有能力兑现其客户价值主张，并以收益的方式获取这一价值。

全面的创新可以处理这两方面的问题。它通过机遇调查来对客户价值主张和商业模式进行创新。这两个方面又可以进一步分解为最终的14条不同路径，在价值生成方面进行创新（见图2-1）。其中，8条路径属于客户价值主张，其余6条路径属于商业模式创新。

这枚全面创新的“硬币”有两面：一面是客户价值主张，另一面是商业模式。商业模式指业务部门如何在满足客户主张的同时获得利润。增长路径可以从硬币的任何一面开始，但是要获得成功，硬币的两面必须紧密结合，保持同步。通用电气顺利进入全球风力涡轮机市场的案例充分展示了两者紧密联系的效果。2003年，通用电气首先通过一个小型收购达到了了解市场的目的。之后，公司利用其制造燃气涡轮和喷气式发动机的能力开发了质量更好的风力涡轮机，对市场格局发起了挑战。

图 2-1　全面的创新：14 条增长路径

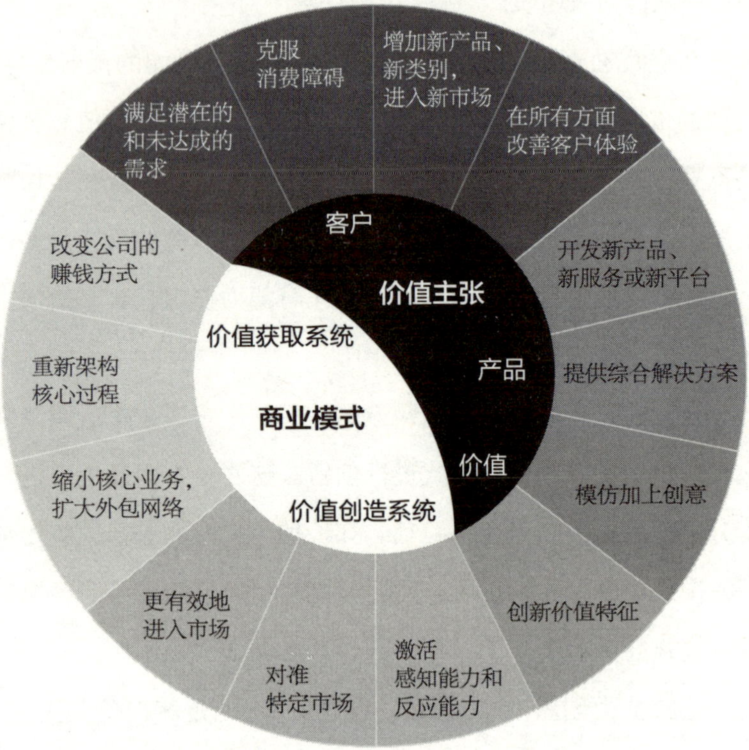

当时，全球市场严重依赖政府补贴，尤其是德国，市场空地已经非常稀少。其德国的竞争对手，如西门子，向市场提供了20种不同的模型，可以满足不同规模的市场需求。

深入研究了当前及未来的客户需求后，通用电气发现客户对经济价值的判断主要有两大因素：变速箱的可靠性和实现风能的效率。然而，因为生产时间短，现有的风力涡轮机表现出了性能差、效率低、成本高的缺点。这些发现给了通用电气信心，来挑战时下盛行的商业模式。通用电气开始花大价钱投资，改善涡轮机的效率和性能。为达到生产规模，通用电气只生产一种尺寸的涡轮机。随着设计的改进，产量的扩大，通用电气将（正常运行时间的）可靠性从85%提高到97%。同时，通用电气还将飞机技术引入涡轮机的设计，使风能的捕获量提高了20%。

每条增长路径都可以与其他路径结合，结合的方式有无数种。每条增长路径中，创新的范围和目标可以是“小i”创新思维或“大I”创新突破。各种路径的组合种类之多令人咋舌，效果令人鼓舞。市场回报大大提升——对任何增长落后的公司来说，这都是一个利好。将所有最好的组合都发掘出来并不可能。但公司面对的挑战，并不是缺少具有吸引力的路径，而是如何赶在竞争对手之前，用自身力量和想象力将这些路径系统地开展下去。

增长路径——客户价值主张

客户价值主张由三个不同部分组成：客户的定义，产品的细节以及产品价值与其他产品价值的比较。创新可以在任何部分进行。

客户路径

市场的拓展往往会带来增长。但是，大多数对市场的定义都是比较牵强的概念。因此，可以用一种由外而内的方式来拓展市场，提出这两个问题：我们能够满足当前客户的哪些需求？我们的能力可以服务哪些客户？这就是追求市场份额的对照面。

产品路径

一般来说，结合了技术进步与客户需求的产品能创造出一流的客户价值。例如，心脏手术中对一种动脉支架的需求量极大。这种动脉支架可以打开动脉，植入后多年也不会造成问题。面对这一需求，雅培公司开发了一种生物可吸收塑料制成的支架，在完成打开动脉的任务后的一到两年内就会自动在血液中溶解，就像医学手术中的缝线和骨螺钉最终被吸收一样。这种支架给客户带来了极大的好处，他们不用再担心支架会形成血栓——支架在植入血管数年后可能造成罕见但却致命的凝血症状，这也成了雅培公司有机增长的源泉。除了引进新技术，产品创新还有很多其他方法，如提供集成解决方案，为现有产品增值，或对现有创新进行调整等。

价值路径

创新客户价值主张的最后一条路径便是提升某个产品的价值。大多数产品类别都有一套关于价格与价值的传统思维。价值创新就包括通过不同方式挑战这种传统思维。

增长路径——商业模式

“商业模式”是一个复杂又抽象的描述。而好的商业模式绝不会是抽象的。一个好的商业模式可以解决两个长期性问题：

1. 价值创造系统。为创造出我们允诺给客户的价值，哪些商业活动是必要的？

2. 价值获取系统。在为客户创造价值的同时，我们如何获得利润？

根据这两个问题，商业模式路径又进一步分解为两组路径：价值创造路径和价值获取路径。一般而言，商业模式创新比客户价值创新更能赚钱。IBM公司发现，与表现不佳的公司相比，利润高于一般水平的公司多投入了50%以上的资源用于商业模式创新。这些利润是可持续的，因为重要的商业模式创新要求重新布置更多项目，使竞争对手难以理解或模仿。这些创新也会创造出一个多面的平台，通过这个平台可以生成大量的价值主张创新。

这里对商业模式路径的讨论并不全面，这些讨论只能起到提示性的作用。每种路径可以创造性地通过多种方式与其他路径相结合，因此再多笔墨也无法详述。在探索商业模式路径时，关键的一点就是要从价值创造和价值获取两个方面问清楚当前商业模式背后的每条假设、每个构想。

第二节　14条增长路径

利用本章剩下的内容，我将详细介绍全面创新的14条增长路径。在介绍每条路径时，我会配以相关案例加以说明。在你阅读每条路径时，请思考在过去三年中，你的公司是否通过这种路径来创造新客户价值。如果没有用过，那么就想一想有哪些有机增长机遇可供你选择。

路径1：满足潜在的和未达成的需求

该路径的重要基础就是深入的洞察力，只有深入的观察力才能对客户有新的认识。2007年，金宝汤公司就凭借他们深入的洞察力成功打入了俄罗斯市场。金宝汤公司了解到，汤在俄罗斯人的心中和胃中扮演着重要而又复杂的角色。公司的研究员发现，典型的俄罗斯家庭一般会在厨房的炉灶上煮上一锅肉骨头。家庭主妇们会花上好几天时间煮出浓浓的肉汤，再把大块的肉和入味的脂肪捞出来。俄

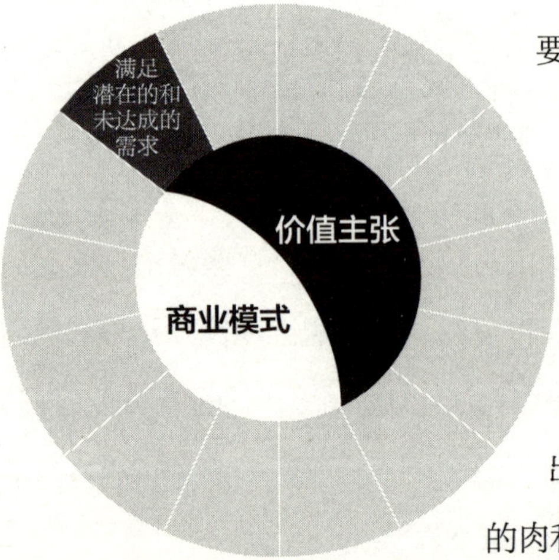

罗斯人相信，这个过程使肉汤有了“灵魂”。在这种情况下，要将即食的汤产品带入俄罗斯市场可不容易。一些竞争对手也曾尝试将袋装的和预先混合好的汤产品带进俄罗斯市场，但这些产品却遭到了俄罗斯家庭主妇们的嘲笑，俄罗斯的男人们也无法接受。这些即食的汤产品被认为是“没有灵魂”的。

作为“灵魂”的注入者，俄罗斯的女性面临着巨大压力。她们都是职业女性，因此没有时间来煮对俄罗斯家庭如此重要的汤。这是客户头疼的问题——也是金宝汤的机遇。通过与俄罗斯家庭的深入接触，金宝汤公司对俄罗斯人进行了一番研究，设计出了一款产品，使俄罗斯的女性可以用包装好的配料在家里煮汤。这款被称为“家庭经典”的汤产品里面有大块的肉和可以看得到的脂肪。对西方人来说，这种汤产品只是半成品，但是对俄罗斯人来说，却意味着地道的家庭浓汤。

金宝汤公司的做法说明了由外而内的创新过程是多么有效，这也是设计公司IDEO采用的新产品开发模式（见图2-2）。

图 2-2 IDEO 开发过程

我们稍后再回到IDEO公司的开发过程上来，但是这里我要强调的是观察和人群调查的核心作用。一个中心思想就是，潜在需求“有迹可循却不显而易见”。只有当富有经验的观察家将自己融入到目标客户中去时才能发现它们。深入了解客户也有很多其他有针对性的方法，包括深度访谈、问题识别和隐喻诱导法，以及客户体验等。要倾听客户的声音，公司还可以尝试这些方法：

- 利用领先客户。领先用户是市场上最早有需求的人群，他们希望能尽早找到解决方案。一些产品，如修正液、运动文胸以及运动饮料佳得乐都是来自领先客户（分别是专业打字员和优秀运动员）的创意。对于建筑设备和科学测试仪器这样的产品，大多数创新的理念都是来自领先客户对产品的修改或变通。

- 掌握投诉客户和流失客户的意见。公司可以从那些不高兴的客户身上加深对客户的了解。这些客户会在需求得不到满足或得不到理解时表达自己的懊恼。

- 在较早出现时尚风气或技术创新的某个地区或国家寻找引领潮流的人。布鞋生产商匡威就将“酷族猎人”和“时尚达人”作为预警雷达，来发现一些潮流，如服装和鞋产品的复古风等。

- 预测相关趋势的影响。根据货运物流的全球化、外包需求的上升和因特网的普及，联邦快递公司发现了“全球化部件处理”这一机遇。这些趋势可能出现于边缘市场，之后逐渐向外扩散。单板滑雪、小酿酒厂和极限运动就是这样在主流市场受到欢迎的。

路径2：克服消费障碍

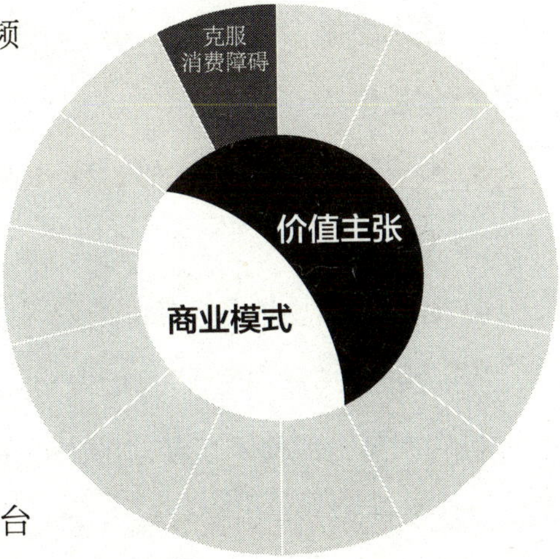

任天堂Wii家庭视频游戏机在上市一月内就吸引了大量非视频游戏消费者，从而成为有史以来最畅销的游戏机。任天堂总裁岩田聪说道：“我们不是与索尼的游戏平台Playstation（PS）或微软开发的Xbox游戏机竞争。我们只是让越来越多的人对视频游戏产生兴趣。”任天堂向行业传统思维挑战，没有一味地添加更多元素使游戏变复杂，而是将游戏简化，使人们在玩游戏时将身体动起来（因此提高了游戏在非玩家中的辨识度），游戏的控制器设计更人性化，同时发行价格也降低到了250美元（索尼的PS游戏机为599美元）。

不购买某类产品的消费者不一定是对该产品没兴趣。要是条件允许，有些人也会出手购买，但是他们觉得该产品不能帮助他们解决某个问题或者没有满足他们的某个需求，所以才没有购买。这样的消费障碍有四种，克服其中任何一种都意味着一次潜在的增长机遇。

1. **囊中羞涩**。现有的产品过于昂贵。

2. **技术复杂**。现有的产品过于复杂，需要专家指导和大量培训才能使用。

3. **囿于环境**。某些产品只有在特定的环境或地点中才能被消费。

4. **时间过长**。某些产品的消费时间太长。

Wii克服了“囊中羞涩”和“技术复杂”两大障碍。它是一个直观的产品，即使不玩游戏的人也能立刻投身其中，而它的价格又比其他游戏平台便宜很多（大约低30%）。

要找到并克服消费障碍，需要在市场投资的指导下，进行熟练的由外而内的思考。对现有技术进行挑战、重新思考正确的做事方法，往往就能找到问题的解决之道。

路径3：增加新产品、新类别，进入新市场

我可以用整章篇幅来讨论新产品和新产品类别。但是，该路径已在很多市场研究中被讨论过，而且大多数高级管理层和市场部主管都对此很熟悉。因此，我就在这里讨论一下另一个领域——进入新市场，该领域将呈现激动人心的创新机遇。

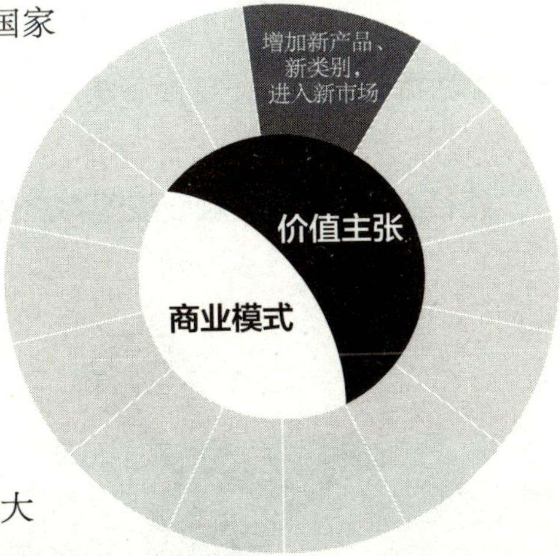

当今时代，发展中国家是世界经济增长的主要引擎。在这个时代条件下，进入新市场不失为一条引人注目的增长路径。在这些国家，人口众多，有个别地区人口稀少，一些大机遇便堆积在“金字塔的塔基部分”。这一预期引起了宝洁公司的极大关注。道理很简单：宝洁公司产品在美国的销量为人均每年110美元。在全世界，平均每人每年花12美元购买宝洁公司产品。在墨西哥，这一数字是20美元，而中国和印度每人每年仅购买1美元至3美元的宝洁产品。宝洁公司的目标就是将中国和印度的人均数字往墨西哥的水平靠拢。

近年来，一个假设正在受到挑战。该假设认为，对欧美和日本市场创新要求相对较高，而这些创新经过一些修改后，也能满足快速发展的发展中国家的需求。其中的挑战来自两个方面。首先，“瘦身版”是不够的；发展中国家的消费者只有在产品满足他们独特需求时才会做出反应。其次，事实证明，面向发展中国家消费者的创新也同样吸引发达国家的消费者，后者注重简约、易操作性和节能环保。从发达国家往发展中国家的传统创新流向正以相反方向流动。

路径4：在所有接触面改善客户体验

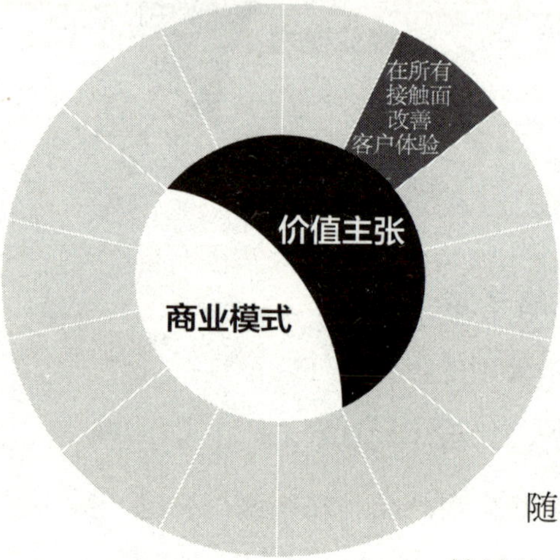

消费者的每一个购买决定，无论是安装一台医学设备还是选择居住的酒店，都有一个明显的开始、中间和结束的过程。在这一过程中，还有很多步骤会随着时间的推移而产生。关键的一点是，公司要从消费者的角度抓住整个客户体验过程——而不是你希望的或预料的客户对产品的体验。图2-3中列出的一般流程具有启发性；这个流程一般迂回更多，并带来很多创新机遇。绘制好步骤后，问一问自己，这个流程中有哪些步骤可以改进，这样就可以创造出新的客户价值：

- 哪些步骤可以改进？威斯汀酒店通过采访客户、观察客户入睡前的准备而了解到了商务旅客对优质睡眠的看法，从而为客户打造出了“天堂般的体验”。

图 2-3 客户体验图

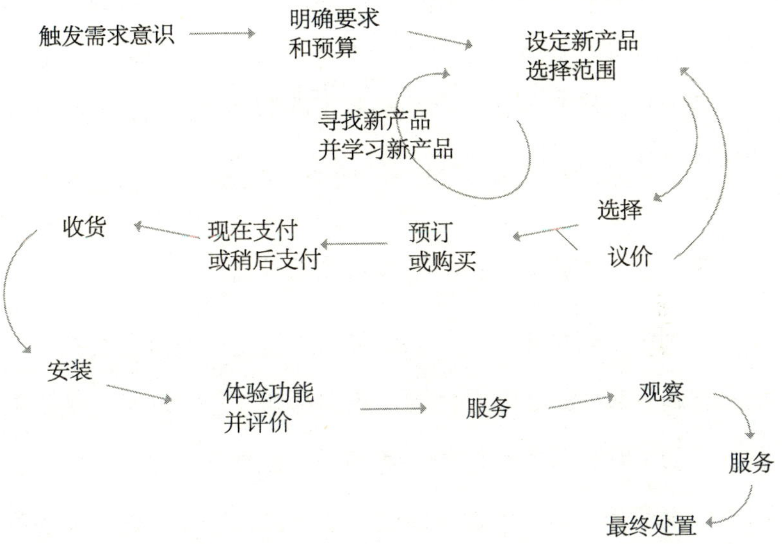

● 哪些步骤可以取消，哪些步骤可以以不同的顺序结合，哪些步骤可以安排得更科学？这个步骤是否可以自动化处理或转移到其他地方？

● 哪些步骤令人头疼？

● 客户在考虑新产品的选择范围时会考虑哪些因素？

● 哪些地方可以消除时间延迟？

通过由外而内的视角，从客户所看、所听、所感和所做出发，公司可以改善现有产品，发现空白机遇。关键是要重新思考与客户所有的接触面，哪怕是那些很平常的接触。“美国女孩”玩偶专卖店和卡贝拉户外用品商店将它们的店面打造成了热门景点。无论是在会客室（“美国女孩”专卖店）里和娃娃待在一起吃着圣代冰激凌，还是在瀑布（卡贝拉商店）旁练习步枪，这些商店不仅给客户提供了商品和有帮助的销售人员，它们还强化了产品的价值，并使这些价值与众不同。

路径5：开发新产品、新服务或新平台

对大多数公司来说，这条路径可以说是一条高速公路——路面宽阔，吸收了大部分资源。正因为如此，它通常也是所有创新活动中管理最为有序的一条路径，公司会用门径管理、实物期权投资等工具对该路径的创新活动提供指导。该路径的重点在于应用新知识和新技术，为客户增值（例如GPS全球定位系统和汽车防抱死制动系统）。

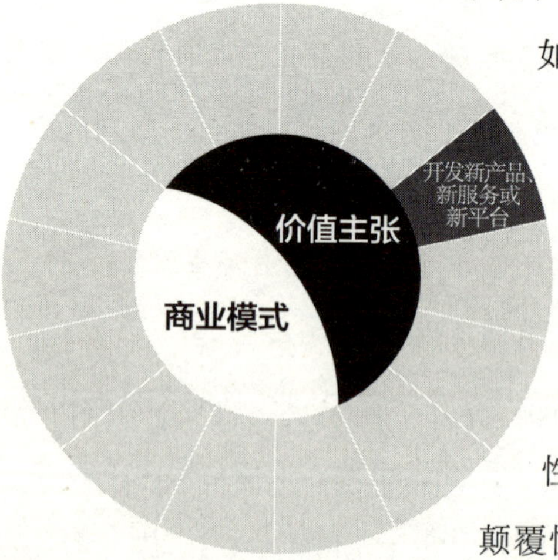

如果能敏锐地发现潜在的或未满足的需求，这条路径就会是最卓有成效的。

在这一路径下，技术基础要么是持续性的，要么是颠覆性的。颠覆性的技术可能会破坏现

有技术的优势，竞争对手也难以赶超，因为这会消耗现有资源。如果颠覆性技术价格低廉、更为简单，但质量足以满足大多数客户的需求，而成熟技术相对复杂、成本较高时，后者面对的风险就会更大。企业云计算公司Salesforce便用客户关系管理软件（CRM）颠覆了市场。市场上的其他公司，如SAP（思爱普）公司，为客户量身定做高价的企业软件，并收取高额的安装费。而Salesforce公司将软件作为一种服务出售，客户可以在“云端”租赁程序（也就是说，它们被放在中央主机上）。这些程序操作简单，价格低于市场上其他公司的产品，适合大多数中小型客户。虽然突破性技术很吸引人眼球——因为它们改变了现状——大多数技术进步还是属于持续性的；市场上的公司在采用这些技术时并没有削减它们的价值主张。

这种产品增长路径有两种变体，一种是大范围设计，一种是平台创新。平台是指一组模块化的组件，即一组产品或服务的构成部件。有了这些模块，就可以创造各种各样的产品。与单独设计每件产品相比，速度更快，价格更低。微软的“视窗”就是这样一个平台。通过“视窗”，很多衍生的程序和服务得以诞生，从办公软件、微软手机操作系统，到技术员认证等。

设计创新追求是创造出外观上或者功能上辨识度极高的产品。这里强调的重点是创意，一般以高品质或者艺术的形式表达出来。这正是丹麦电视机、音响系统、电话机等电子设备制造商邦·奥陆芬（B&O）秉承的核心品质。设计师将新创意、新材料以及新技术融入B&O产品中，然后工程师再想办法将它们生产出来。

路径6：提供综合解决方案

什么是真正的解决方案？真正的解决方案综合了产品和相关服务，为客户创造的价值超过了各组成部分相加的总和。这样的解决方案要满足四个标准：

1. 方案由公司和客户共同打造。

2. 方案为每位客户量身打造。

3. 方案根据客户提出的条件提供优质的服务，包括快速的反应机制、畅通的渠道和清晰的卖方责任等。

4. 公司与客户签订性能或风险协议，化解客户担心的一些风险。

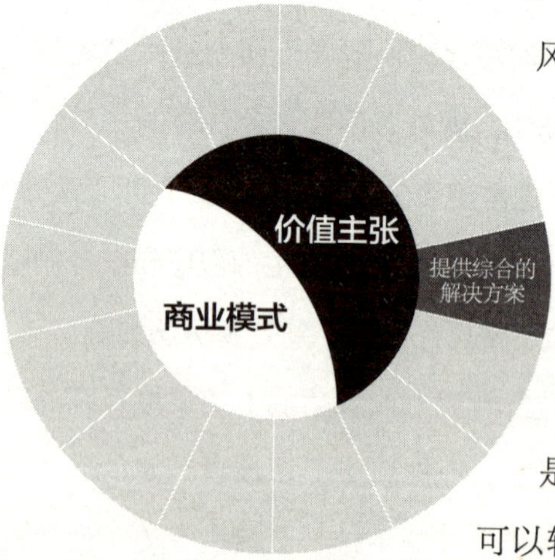

如果只是将一些产品和服务打包，使客户可以一站式购买这个“解决方案”，那是很容易的。竞争对手也可以轻易地模仿它，因此这

么做不一定会带来增长。增长来自于这样一种解决方案——它们由外而内地思考如何解决客户的问题，按客户提出的条件帮助他们取得成功。这类创新的一个极佳案例便是美国通用电气和英国罗尔斯·罗伊斯公司提供的“按飞行小时包修合同”。根据该合同，飞机引擎每使用一小时，客户就支付一笔固定费用，从而使客户极大地节约了成本。

路径7：模仿加上创意

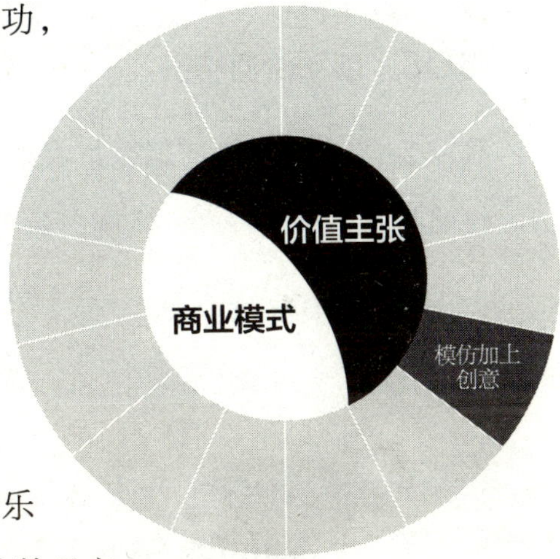

模仿常常能取得成功，但是要取得成功，模仿就不能仅仅是复制。模仿的关键在于弄清楚原始创新具有哪些优点，为什么没有取得成功，并从客户的角度做出改进。苹果的音乐播放器iPod不是最早的数码音乐播放器，苹果手机iPhone也不是世界上第一部智能手机。苹果公司拿来原创者的概念，并使它们更具魅力。有这样一个价值几十亿美元的自有品牌，对一些知名品牌进行模仿，以更低的价格提供同等质量的产品。快速时尚公司ZARA就是通过模仿T台设计服装获得了快速发展，它以比竞争对手（甚至是原创的设计公司）更快的速度将T台设计摆到了零售店里。

模仿者通常可以降低研发成本，失败的风险也更小，因为新产品中的概念已经经过了市场的检验。要取得成功，模仿者要快速地从那些开拓者身上吸取教训，在市场竞争未被触发之前快速开发出一个更加优越的版本。有创意的模仿者要取得成功还有另一种方式，那就是释放进军市场的能力，更加彻底地覆盖市场。

路径8：创新价值特征

该路径侧重的是如何通过挑战传统行业思维获得竞争优势。该路径与其他路径一起实施时效果最好，因为它通常要求推出新产品并对目标市场进行重新思考。一开始，我们可以看一看竞争对手们推出的产品（或服务）具有哪些不同的价值特征。

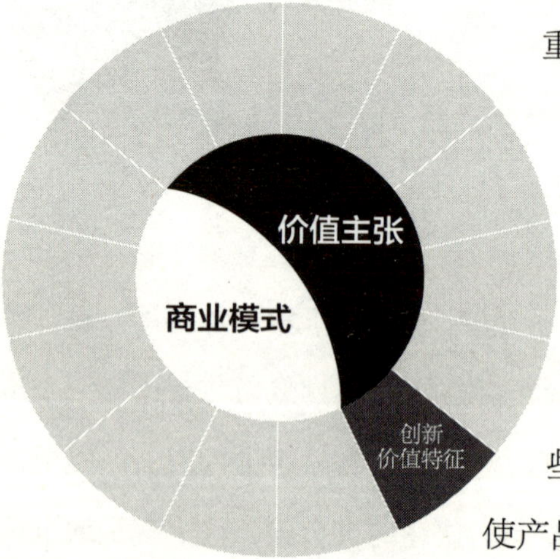

创新来自于挑战那些不同的价值特征——为使产品低于或高于行业标准，

可以省去哪些特征，提高哪些特征，降低哪些特征，或增加哪些特征？价值特征应该包括客户在选择时会考虑到的所有因素。

2004年，印度塔塔集团（同时也经营泰姬陵连锁酒店）在印度开设了金吉经济型连锁酒店。该连锁酒店在设计时就利用了这种方式。金吉酒店的设计是为了满足经常出差的商务人士的需要，他们希望住宿的环境不要像廉价酒店那么糟糕，但是也承担不起五星级酒店的天价。

金吉酒店给客户的承诺是以最优惠的价格提供“始终如一，简单愉悦”的体验。酒店房间不大，几乎没有任何装饰，只提

图 2-4　印度经济型酒店市场

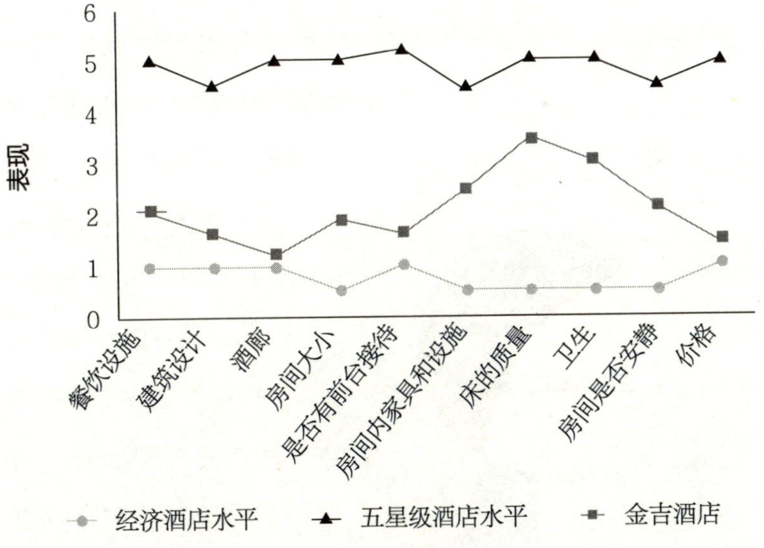

资料来源：已出版的资料、网站、酒店评价

供简易家具，但是床垫用的是最好的。酒店均位于商业区内，远离成本昂贵的地产区，客户入住时采取自助式服务，员工人数也控制在最少。这样，成本便可以得到严格控制。金吉酒店的价值特征（见上页图2-4）也明显地与同行业其他竞争对手区分了开来，并满足了目标市场的需求。

路径9：激活感知能力和反应能力

这条商业模式路径的精髓在于将活动和过程模块化，打造产品组合，从而对无法预测的客户要求做出反应。戴尔电脑的"按订单生产"模式是一个早期的成功案例。未来的客户可以按照自己的创意设计台式机或笔记本电脑，获得价格和运费报价，然后下订单。三个步骤一气呵成。相反，"先生产再销售"的公司则通过预测客户的可能需求安排行动计划。

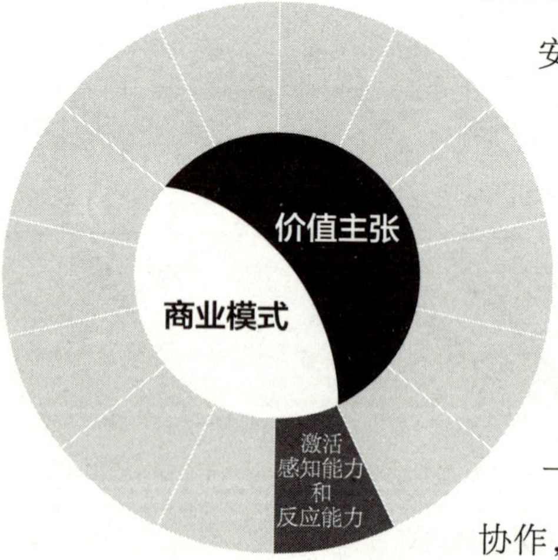

另一种混合模式则利用一个灵活的主体，一方面为部分客户提供低成本的支持和信息传递服务，另一方面与其他客户深度协作，提供精确的产品定制

服务。在前端，类似于乐高积木这样的模块具有很强的适应能力，它们可以对客户的要求（如数量增加、技术支持、教育和物流等）做出反应。系统融合、数据分析以及信息共享方面的技术进步则可以使协作变得更加顺利。

路径10：对准特定市场

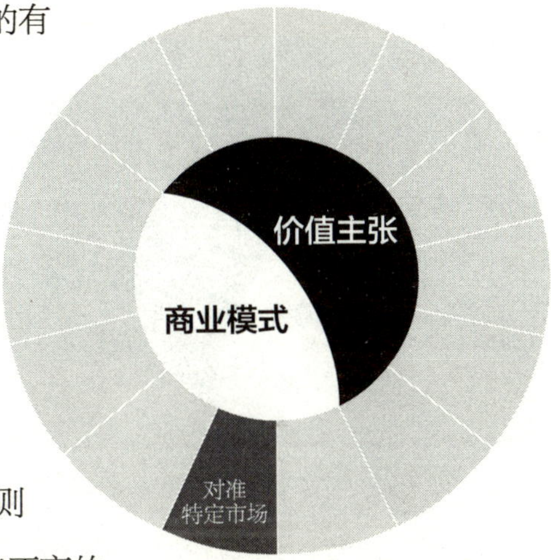

2002年，世界领先的有机硅产品制造商道康宁，面临了一次商业模式危机。道康宁的商业模式是为客户提供高端设计、个性化销售支持和灵活的服务。但是，对价格敏感的客户则需要质量高、可靠但价格不高的产品。因此，这就把市场拱手让给了低成本的海外竞争对手。

为了赢回低端市场，道康宁成立了新公司贝科拉有限公司，为价格敏感的市场群体定制了一个低成本的商业模式。通过削减技术服务，将交货时间从几小时延长至数天，对订单数量的选项和海关处理进行限制等措施，道康宁削减了大笔销售成本和经销成本。可扩展的网上订购系统也使道康宁获益匪浅，与客户的所有沟通都是通过电子邮件完成的。这一新模式得以产生，正是因为公司敏锐地发现70%的市场需要这种高技术个性化的销售模式。

路径11：更有效地进入市场

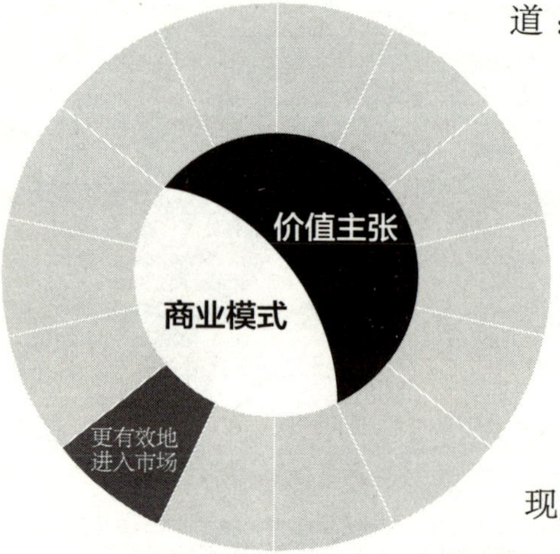

耐克公司的首席执行官最近说道："过去跟客户沟通是这样的：'这是我们的产品，那是我们的广告；希望你们喜欢。'而如今，跟客户的沟通就是一场对话。"从这一观点，我们不难发现为什么耐克把市场活动转移到了数字领域：印刷品和电视上的花费在过去三年内下降了40%。耐克把钱更多地花在了网络活动、社交媒体上，支持有相同兴趣爱好的用户群体。当然，这可以使耐克避免拍摄不伦不类的名人代言广告（这在如今的年代非常常见）。但是，这种模式通过改善客户（无论他是一名跑步者、篮球运动员还是一个宅男）体验，传达出了有意义的客户价值，使耐克走在了竞争对手前面。

每个公司在达成、说服和满足客户需求时所采取的每个市场行动都可能是巩固增长的一次创新。这些创新中，有的是为了应对越来越复杂的客户解决方案，或为了重新思考在这个人人都能获取具体信息的时代中，如何让传统的销售队伍仍然高效。其他创新则是为了应对成本的压力，或要求越来越高、联系更加紧密的客户，或全球范围内的竞争。在制药行业，传统的销售模式使大批销售代表一涌而出，分头寻找医生，向他们照本宣科地推销某种（有专利保护的）药品。一家公司通常有很多销售代表去拜访同一位医生。但是，现在的医生一般都没有时间去耐心听他们的销售辞令——销售代表们没什么产品创新可以鼓吹，大众和监管机构现在也越来越关注销售人员对医生开处方的影响。

为应对这一情况，有些公司要求销售代表更多地成为医生或医疗实践的资源。这就需要对医药代表的激励机制和评估机制进行创新；公司不再用药方数量来衡量销售人员，而是把重心放到医生的满意度上。正如耐克公司一样，他们近期关注的就是与医生对话，并为他们解决问题。

路径12：缩小核心市场，扩大外包

一家公司内部必然包含一个价值链，这个价值链由一系列与市场渠道有关的活动组成。每开展一项活动，产品就会获得一些

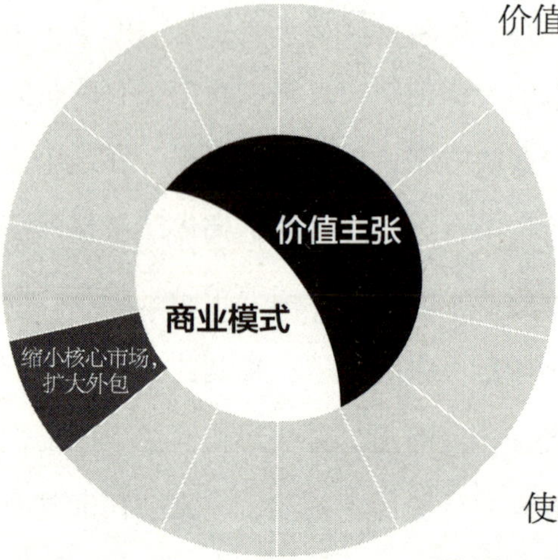

价值。但是价值链的设计和管理创造出的经济价值和客户价值应该超过各项活动价值之和。

通过将市场活动相结合，扩大外包网络，缩小核心市场活动，使得协作机制和信息技术的进步为创新提供了更多渠道。这么做的目标是降低成本，提高效率。美可保健公司跃居美国创新公司实力榜第三名（仅次于耐克公司和苹果公司）靠的就是这种方法。通过推广药品邮购、说服医生和药店接受电子处方，美可公司改变了人们购买药品的方式。美可公司为公司客户创造了价值，因为它为公司的医保计划降低了药品成本。另外一个例子是印度的巴帝电信公司。巴帝电信将核心市场活动仅限于客户关怀、市场营销和监管对接这三项，而把其他活动都外包了出去，因此成为印度最大的移动电话公司。

路径13：重新架构核心过程

公司有足够的机会去重新设想如何向客户传递新价值。在澳大利亚，荷兰国际集团旗下的直销银行业务（ING Direct

Banking）将开户和信誉审查周期从两天缩减为15分钟。快速时尚概念的引领者——ZARA服装连锁店对其服装设计过程和服装生产过程进行了彻底的重新思考。在大多数服装生产商那里，价值创造过程从服装设计开始。设计师通常要提前一年设计新一季的时装，然后把设计图送到亚洲的工厂中去生产，因为那里成本低。但这么一来，服装的生产周期就会很长。恰恰相反，ZARA会持续地对时尚和销售进行掌控，从而给公司内部的设计师提供引导。这些设计师是时尚的塑造者，他们设计出来的作品紧接着送往西班牙的工厂。工厂采用即时生产系统，在一个月内将设计图上的衬衫、裙子或外套变成实物送到ZARA的门店。这一流程紧跟时尚，因此可以频繁地进行修改，而且也可以避免产品积压。

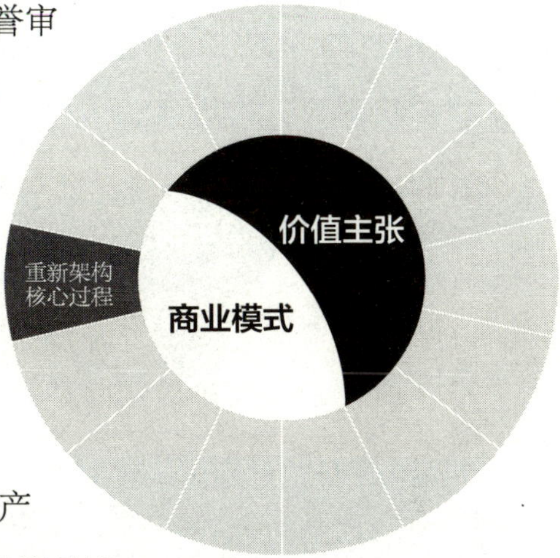

路径14：改变公司的赚钱方式

最后一个有关商业模式的问题是：“公司如何捕捉向客户提供的价值？”——说得更直白点，“公司在给客户提供价值后，

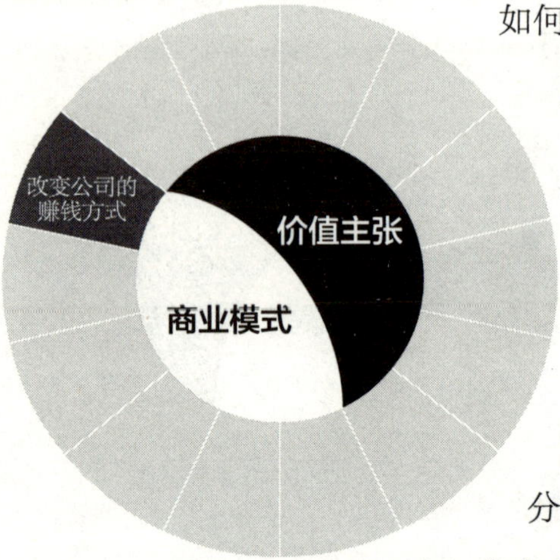

如何获得报酬？”在过去的几十年中，很多行业在这方面都做出了重大改变；对公司来说，这些变化并非出自本意。从整体来看，在这个文件下载与共享变得十分轻松的时代，传媒行业一直在力图创新赚钱模式。尽管很多客户已经在抛弃传统的“有线电视服务包”，无论是娱乐节目制作公司（例如美国家庭影院频道）还是节目供应商（例如康卡斯特）都没有创新出一个“点单”模式——为客户提供他们真正想要的节目，同时赚钱养活自己。

近年来，创新价值获取系统最常见的形式就是从产品销售模式转变为服务提供模式。如今，租用工业地毯就跟租用复印机一样容易。服务模式其实就是租赁。普莱克斯将工业气体一直输送到气体的具体使用地点，而不是将气体从油罐车上卸载下来就结束，从而获取了更高的价值。嘉实多创新了一种模式。它向客户建议如何更少地使用嘉实多产品，并从这样的服务中获得更多价值——换句话说，公司通过向客户建议更少地购买它的产品而获得了更多的价值。显然，这一路径中创新的机会很多。

结论

“曲线健身中心”是世界上最大的健身俱乐部，2012年其会员人数达到了四百万人。它提供全套健身服务，并对产品、目标客户和价值特征同时进行了创新。传统的健身俱乐部一般同时面向男性和女性客户，提供全套健身设备，每月收费很高。“曲线健身中心”的定位则是女性健身中心，提供30分钟的全套健身训练，每月收费仅有传统俱乐部的三分之一。它的健身设备专门为女性设计，以圆圈形式摆放，以便于健身者交流；健身馆中设有计时音乐，健身者每听到一首歌就要从一台机器换到另一台机器，这样整个健身过程就变得非常令人愉快。

“曲线健身中心”很好地证明了八种主流价值主张创新路径中的四种。它在创新时采用的主要路径是提供了不同于传统健身俱乐部的价值特征。而且，它还克服了女性的消费障碍，并且在相对较轻的程度上满足了一些未达成的需求，即在群体中得到激励的、系统的健身训练。同时，该中心把健身房常见的标准设备有创意地进行了摆放。“曲线健身中心”提供了一条深刻的经验：在创新活动中，用到的路径越多，价值主张就会越令人信服、结合得越好，竞争对手也更难模仿和超越。这并不是说“曲线健身中心”的竞争对手不会去模仿，而是他们成功模仿的概率会很低。

在确定了增长战略后就要扩大对机遇的寻找，并把风险回报系数最好的机遇汇聚起来，从而加快有机增长。尽管很多公司采取大量的风险控制措施来避免把时间和金钱浪费在不切实际的机遇上，但是很少有公司会有系统地寻求全面创新。你可以确认一下，自己的公司是否在通过这14条路径创造新的客户价值。这么做，你可以大幅增加公司内部的创新理念，从而有更多机会开发周边市场。

第三节　管理者指南：路径导航

- 在你的行业中，哪条增长路径的创新花费最多？是不是所有竞争对手都一样？
- 你的公司把创新预算配置到了哪些领域？创新资金的利用是集中的还是分散的（采用了多少条不同路径）？哪部分创新资金用到了最主要的路径上？
- 哪部分创新资金用到了行业中的非传统路径上？
- 过去使用哪些路径时增长计划获得了成功？
- 创新资金是如何在被动寻找创新理念和有针对性地寻找创新理念之间分配的？
- 与竞争对手相比或与成功案例对比，你的客户洞察能力如何？
- 增长计划组合由谁负责？资源配置的决策过程是怎样的？业务部门对这个过程是否了解？

INNOVATION PROWESS

第三章

CHAPTER 3

汇聚最佳机遇

一个严谨有序的增长过程是从“发散”开始的。“发散”的目的是在所有增长路径中撒网式地寻找机遇。如果做法得当，在增长寻求过程中，“发散”这一步骤将为业务发展制造很多可能性，而我们要用“汇聚”这一过程对这些可能性进行筛选，把最佳机遇集合起来。本章要讨论的就是如何决定应该发展哪些机遇。汇聚到最后的机遇可以立刻进入增长实现过程（包括商业化等），使企业创造的价值得到回报。

我们用三个严格的筛选程序，认识和选择风险与回报最平衡的机遇。这些筛选程序开始时（这时不确定因素多，但是牵涉到的资源比较少）比较宽松，但越到后面（与之前相反，此时不确定因素较少，但牵涉到的资源较多）越严格：

- **精选机遇。**“创新比赛”是一种非常有效的精选机遇的方式。就像硅谷和很多商业学院流行的商业计划竞赛一样，选手会从一条或多条增长路径中找出机遇。经过一番讨论，小组成员明确哪些机遇更有吸引力，值得深入了解。

- **深入审查**。这一筛选程序旨在将机遇背后的所有假设都挖掘出来进行一番推敲。这也是考察为什么一些机遇会在“创新比赛”中获胜。那么，支撑这些机遇的假设是否合理呢？该筛选程序可以确认某个机遇是否值得发展，是否在决定前还需要了解更多信息，是否还存在无法弥补的缺陷而放弃。

- **风险评估和控制**。最后，就要决定是否进行投资，将这个机遇带入市场。鉴于一些不确定因素，如市场是否接受，竞争对手的反应和公司的实施能力等，机遇背后的假设即使之前有过深入研究，也都需要重新探讨。在考虑到风险的前提下，这个机遇的规模、成功的概率是否值得投资？买入实物期权后如何将这些风险最小化？

这三个筛选程序互有重叠——他们面临的是同一个根本问题，只是越往后，筛选程序越严格。在采用这组筛选程序时，只要按照顺序来即可，图3-1便是这三个程序的总结性图表。但是，有两种情况总是相互干扰。一种是“深思熟虑”的战略选择，侧重于那些你选择的、预料之中的机遇。另一种是“临时发生”的战略选择——我们在实施原来的“深思熟虑”的战略时会遇见意外的问题，在探索市场和开发新技术时也会获得新的认识，这时就会产生“临时”的战略选择。

图 3-1　汇聚最佳机遇：越来越严格的筛选程序

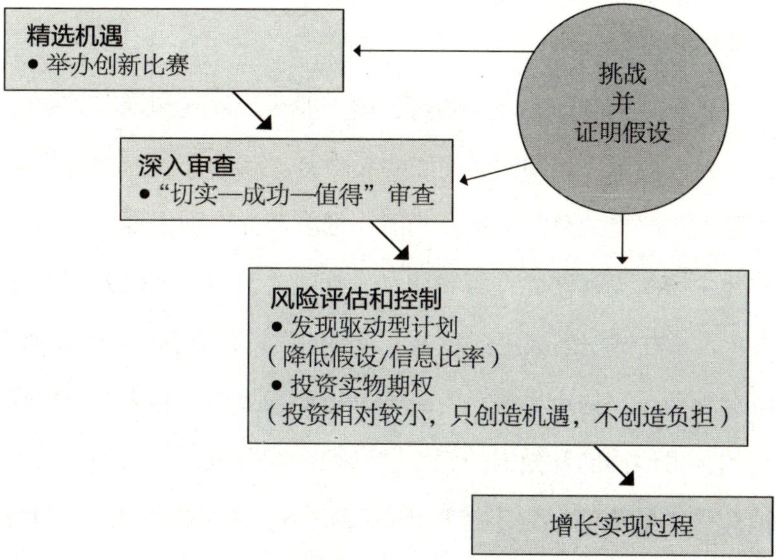

第一节　精选机遇

创新比赛是集体创作的一种。在创新比赛中，针对某个特定的战略挑战，有知识背景的业内人士找出增长机遇，并对这些机遇进行评估。将创新比赛限定于业内人士具有很多好处：每位选手都了解有机增长的挑战，对行业熟悉，并且可以投入到增长路径的研究中去。当然，这样的比赛可以在网上举办，但最好还是组织一个为期一两天的工作坊，这样可以为选手们热烈地进行战略讨论创造环境。创新比赛的作用体现在它能发掘和提取卓越的创意，这些创意可以获得公司的支持。

鉴于创新比赛的这些优势，一家制药公司在研究“创新市场进入”模式这条路径时，就利用了举办创新比赛的方法。当时的风险很高。

从历史来看，全球性制药公司一般通过发现和推广畅销药品、为人们解决药物问题而建立起声誉。2012年，这种商业模式陷入了严重的危险境地。当时，很多药品专利快要过期，仿制药生产商虎视眈眈，蓄势待发；管理式医疗、保险公司和用人单位都在试图削减医药开支；药品的供货渠道也相当不畅通。所有制药公司的市场进入方式都是需要大批训练有素的销售代表的，由他们向开处方的医生“详细介绍”或出售药品。在畅销药带来的利润已经不够稳定的情况下，这种需要大量人力、成本又高的方式就显得不再经济可行了。

因此，人们不得不重新思考该市场进入模式。但是，有一点是大家达成共识的，那就是销售队伍这一资源还有待开发，并且可以推动增长。销售人员应该扮演新的角色，不仅仅是向处方医师推销产品，他们应该把目标扩大到医疗保险系统中的所有相关方，包括护士和药剂师。他们可以加强与医疗保险公司的联系，为病人开发增强价值的服务，例如设立专门的项目组，确保药品服用符合国家规定。销售人员可以利用先进的社交网络和网上通信技术，根据收集来的大量数据对医生开处方时的决定产生影响。

于是，有一家医药公司就组织公司内最优秀的20位市场部和营销部经理以及来自不同领域的、有市场经验的非市场部人士参加了一个为期一天的工作坊。而以上情况就是该工作坊的背景知识。参加者们都投入到了“市场进入”路径的深度背景研究中，包括标杆分析、竞争对手分析、绘制病患体验图以及对外围活动的观察等。接着，蕴含增长机遇的创意就不断涌现，但是这也造成了一种困境。造成困境的原因有两个：一是创新的理念太多，二是缺乏新药品发布以外的创新经验。工作坊的目的就是通过找出五到七个既符合增长战略又能增强公司能力的重要增长机遇，为行动增加动力。工作坊分为两个阶段：首先，以“发散”的方式生成一些增长机遇，然后通过严格的“汇聚”过程从中选出一小部分绝佳的机遇。

生成增长创意

对群体创造力的研究，我们发现了一些明确的方法，将这一阶段的作用最大化。

首先，根据前一章的内容，确保大家对需要处理的战略问题达成了共识。当参与者投入进来，对客户有了了解，对竞争对手展开分析，对市场先入者进行研究，并获得了来自市场外围的信号（即使很微弱）时，由外而内的思维便自然成为了主导。与大家的习惯性思维相反，对于如何开展某条增长路径，个人提出的创意往往比在群体中开展头脑风暴时产生的创意多。小组中每个人轮流发言，如果集体活动（如小组思考）阻碍了某人最初产生的创意，瓶颈就会产生。

大多数最好的创意都是由少部分人贡献的，但是要事先把这些人找出来并不容易。大家能力不一样，努力程度不一样，对问题的理解也不尽相同，这些都是不确定性因素。总的来说，网还是要撒大一点，这样才能确保更多的人参与创意，从而产生好的创意，而不是过早地限定参加者的范围。

创意生成过程应该鼓励最具创新能力的参加者站出来，但是也要有足够的包容性，使每个人都能相信这个创意过程的价值，明确参加者提出的创意具有怎样的作用，这样他们才能支持这些创意。这家制药公司采用的方法是让每位参加者在15分钟内提出增长创意。这些创意中很多都让位于“小i”创意，因此也立刻遭到了淘汰。

过滤增长创意

虽然我很喜欢“漏斗”比喻，但创新过程并不总是呈现漏斗状。如果创新过程就像一个漏斗，那么无论从漏斗顶部放入什么创意，这些创意最终都会流淌下来——所以“漏斗”过程只涉及优先顺序，并没有考虑到选择问题。而我们的目的是将考虑不周全或无关紧要的创意快速淘汰出去。

为了快速而公平地对少数几个好的创意建立起共识，更全面地推行这些创意，我在沃顿商学院的同事设计了很多方法。在这家制药公司的市场进入项目中，工作坊一共产生了五十多个创意。每位参加者先简要地对自己的创意进行阐述。在阐述完毕后，参加者把自己的创意写在活动挂图上，并把活动挂图贴在墙上。接着，发给每位参加者十张贴纸，让他们把贴纸贴在自己认为最好的创意上。“投票”结束后，经过一番激烈的讨论，大家发现只有五个创意值得认真考虑。获胜的创意经过充实后，就要接受大家更为严格的评估。下面就是评估用到的审查方法。这个案例体现了创新比赛的使用方法。创新比赛是一个非常灵活的工具，公司的创新团队可以根据自己的需求进行修改。

第二节　深入审查

“切实—成功—值得”（Real-Win-Worth It，R-W-W）这一审查工具简单却非常有效。它建立在一系列问题之上，这些问题涉及某种创新概念或创新产品，该概念或产品潜在的市场、公司的能力以及面对的竞争市场等。它不是一种决定取舍的算法，而是一个严谨有序的过程，可以应用在产品开发的很多阶段。通过这个工具，人们可以使错误的假设浮出水面，发现知识缺口和潜在的风险，并找出所有的改进方法。切实—成功—值得审查工具可以找出某个项目存在的问题并帮助解决问题，从而控制风险；同时，它可以发现那些无法修补的问题，从而使项目终结。

创新从本质上讲是杂乱无章、没有条理的反复过程。为简便起见，我们把重心放在早期的切实—成功—值得审查应用上，检测产品概念的可行性。然而在现实中，某个增长概念会在开发过程中被反复审查：在概念阶段，在成型过程中，以及在计划发布初期。重复的评估可以使审查者在评估过程中越来越详细地获得有关产品、市场和财务的分析，为审查的问题提供越来越准确的答案。

切实—成功—值得审查可以引导开发团队深入挖掘某个创意，切实—成功—值得每个方面都可以分解为更加详细的问题。在最高层面有三个简单问题：这个创意切实吗？我们能成功吗？这个创意值得吗？当然，这些问题看似简单，却不容易回答。为了找到这三个问题的答案，每个问题又需要进行进一步分解：

切实：市场是否切实？产品是否真实？

成功：产品是否具有竞争力？我们的公司是否具有竞争力？

值得：在风险可接受的情况下，产品是否有利可图？产品的发布是否具有战略意义？

这些问题又可以进一步细分。具体的问题已总结在图3-2中，附录B中有详细描述。

图 3-2 通过审查获得成功

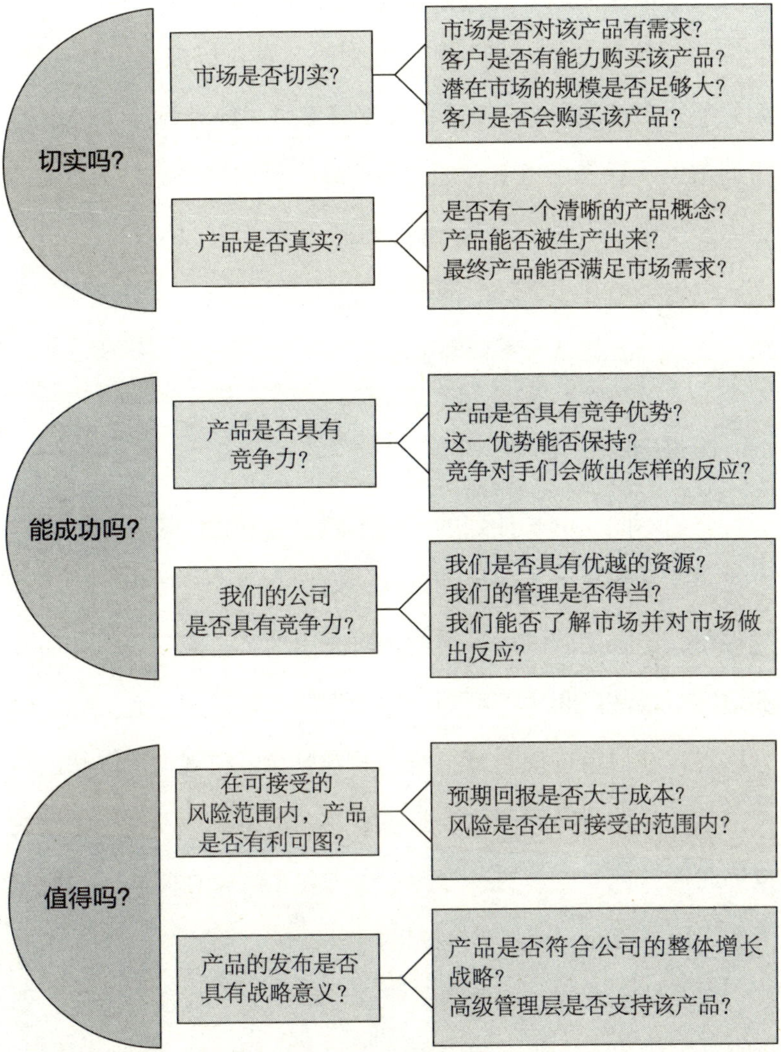

这些问题下面还有更深入的一套辅助性问题。通过深入审查这些辅助性问题，开发团队便能给出上述问题的答案。每个问题的答案在“绝对是”和“绝对否”这一区间内进行选择。如果前六个基础问题中某个问题的答案是“绝对否”，那么该项目通常也就宣告结束了。理由很明显。例如“产品是否具有竞争力？”这个问题，如果大家一致认为答案是“绝对否”，开发团队也想不出方法可以把答案改成“是”（或者“也许是”），继续开发该产品就显得不合理了。

审查团队

公司不同、增长计划的类型不同以及开发阶段不同，项目审查团队的情况也不尽相同。在“切实—成功—值得”审查的过程中，审查团队的成员通常来自公司的各个部门，包括研发部门、市场部门和生产部门。他们与高级管理层一起工作，因为后者对项目审查很熟悉，他们的专业知识和直觉可以帮助审查团队冷静地获得问题的准备答案，尤其是在开发过程中做决策的时候。但同时，这些管理者也需要了解审查团队，并愿意为他们提供资源，填补信息缺口。

在“切实—成功—值得”审查过程中有一项重要工作，那就是确保审查团队没有将审查视为一个障碍。同样，审查团队也没将它当成一个管理层任意强加的、选择“做还是不做”的工具，并因此觉得这种审查对他们钟爱的项目构成了潜在威胁。这种误解会造成“切实—成功—值得”审查得不到恰当地运用。而事实上，这个审查只是一种学习的工具，用来揭开拿捏不准的假设，找出问题所在及其解决方案。

鉴于开发团队的成员既是项目的评估者，又是项目的支持者，因此审查也很容易被滥用和操纵。当团队成员对一个项目很有信心时，如果他们怕深度评估——包括直接说出心中的疑问——会将该项目置于危险境地，就可能在评估时较为草率。避免这种危险的方法之一就是邀请一位外部人士担当协助员。这个人可以来自公司的另一个部门，有深厚的新产品开发经验，并且与评估结果不存在利害关系。这位协助员的工作是找出所有重要的不确定性因素、信息缺口和不同意见，并帮助解决这些问题。

审查美国3M公司大受欢迎的原因

“切实—成功—值得”审查最有力的倡导者之一就是美国的3M公司。在这家公司，有超过1500个项目用过“切实—成功—值得”审查。审查为3M公司电脑光学防窥片的成功上市发挥了决定性的作用，这也充分巩固了“切实—成功—值得”审查的可信度。公司设计的超微细百叶窗光学技术，模拟了微小型百叶窗的功能，具有独特的隐私保护功能。尽管如此，该产品差点没能进入市场。防窥片的前两个设计版本没能通过市场测试，而且销售人员也不愿意推销最终产品，原因是产品价格过高，极大地缩小了市场空间。在这种情况下，公司已拥有了技术，但需要给这个技术找到市场。

这时，一位新来的总经理要求开发团队进行“切实—成功—值得”审查，从由外而内的角度看问题。换个角度后，大家发现这个技术是很先进的，也获得了专利保护，因此竞争对手无法对其进行模仿。但审查也发现，公司对市场大小、目标客户以及产品是否能满足目标客户需求等市场情况一无所知。这些客户是否愿意承担如此高昂的价格？在充分证明市场对该产品的潜在需求后，公司才同意继续开发该产品。搜集证据的途径多种多样，例如市场测试，在办公室（诸如人力资源经理办公室这样对隐私要求较高的工作场所）里植入产品，开展观察性研究等，而对电脑生产厂商和经销商的采访也发现该产品的市场潜力巨大。有了这些了解，3M公司便发布了用于笔记本电脑和台式电脑的隐私保护及防眩光薄膜等系列产品。这些产品增强了公司的品牌价值，也提高了公司在办公产品市场中的份额。在产品发布后的短短五年之内，该系列产品便成为了3M公司规模最大、发展最快的业务之一。

第三节　风险评估和控制

创新过程的每个阶段都可能让人遭遇失望。这种情况很正常，因为大家都是第一次在为某个市场需求寻找解决方案。成功的创新者会毫不犹豫地直面这些风险，并弄清楚创新背后的假设情况，使这些假设站得住脚。同时，他们还会采取行动，控制而不是躲避这些风险。开始时，这些行动需要严格的“切实—成功—值得”审查加以引导。当增长计划全部实现，公司即将决定发布产品时，创新者便用“发现驱动型计划”来对这项投资的商业计划和财务情况提出挑战。同时，他们还采用实物期权的思维模式，来寻找小规模的初始投资，并根据了解到的情况对这些初始投资进行跟踪。

挑战商业模式

一家多元化制造商对其创新投资的回报感到失望。为了更好地找出原因，公司收集了几项主要增长投资的财务情况数据，然后说服一些非竞争公司贡献了他们的项目数据。这么做的目的是将销售、市场份额和收益率的预测（公司就是根据这些预测判断项目是否成立，以及是否要对该项目进行投资）与产品发布后七年之内的实际表现进行对比。

结果令人震惊，根据对收益率（投资回报率）的预测（取研究中所有商业计划的平均值），长期回报率应远远高于资本成本，商业化20个月之内的收支平衡回报率非常乐观。而实际情况是，只有10%的项目符合预测情况。所有项目平均要在四年半之后才能达到收支平衡。要是知道情况如此，企业永远不会对这些项目进行投资。还有10%的项目在七年之后还处于亏损状态。

我曾经把这些发现与很多行业的管理者分享。很少有人对此惊讶。在听到这项研究的范围仅限于七年后依然存在的项目时，大多数人的反应都很平淡。在七年这个时间段中，肯定有更多的项目失败了，或者被叫停了。如果进一步研究这些项目的业绩，结果可能更加糟糕。

投资决定是根据财务预测做出的。大多数管理者对于早期财务预测的不准确性还是心中有数的。他们还能很快地解释为什么实际情况和预测情况会不一致。第一个原因就是设定了一个收支平衡目标或贴现现金流回报率目标。根据此目标来调整关键成本、价格和使用参数以实现此目标并不困难。第二个罪魁祸首是不正当的小花招。资源配置也常常被看作是一个零和游戏。所有被认为是“值得的”项目为了分得同样一点投资而打得头破血流。如果大家都支持其中一个项目表现出色，那么其他被认为“值得投资”的计划就可能受到排挤。鉴于大多数管理者都认为自己的项目是最好的，他们便会收集一整套假设来支持自己的方案。这其中还有很多其他的护短行为。我最喜欢举的一个例子是“证实性偏见”（人们普遍偏好能够验证假设的信息，而不是那些否定假定的信息）。

在这种护短行为中，我们只会选择并接受那些有利于自己想法和假设的信息，拒绝并忽视质疑自己假设的不利信息。这种偏见在过于自信的情况下会变得更加严重。过于自信让我们太过相信自己当前的假设都是正确的。最后，开发团队会有趋同思维的倾向。这指的是团队中所有成员用同样的方式看待问题。

对自己的创新能力很有自信的公司，能认识到这些根深蒂固的偏见行为，并有很多方法来应对。首先，他们毫不犹豫在事后分析自己的失败和沮丧，寻找假设的出错规律。这些几乎都可以在那些不易控制的市场因素中找到问题的根源，例如市场接受度、市场份额或整体价格走向等。像这样的事后分析是为了从失败中吸取教训，而不是以此为幌子找人追究责任。把这些经验整理出来保留好，就可以慢慢地提高公司的智慧，而停滞不前的或者失败的项目也更有可能被重新利用起来。

自信的创新者知道，了解情况的、值得信任的“外部人士”有助于挑战开发团队的假设——开发团队急于把项目推向市场，很可能直接忽略那些不利的方面。这些外部人士可以是公司其他部门的优秀创新者，或是在这方面非常有经验的咨询师。自信的创新者重视那些能够创造现金流和经济价值的基本功；对销售、成本和利润的预测如果没有坚实的假设作为基础，那么财务预测便没有多少价值可言。最后，创新者会吸收好的经验，利用“切实—成功—值得”审查使项目的几个根本性假设浮出水面。但是，随着项目的开发和细化，公司需要决定将大笔资金投入到项目中，此时他们就需要另一个有效工具来进行深入探索，这个工具就是丽塔·麦格拉思和伊恩·麦克米伦提出的发现驱动型计划。麦格拉思和麦克米伦指出，该方法的原理就是“随着计划的展开，你希望降低假设与实际信息的比率。如果这一比率很高，那么就意味着不确定因素非常高。那么你就要尽快安排学习并深入吸收信息，学习的成本越低越好”。随着比率降低，公司就越来越要集中注意力，并安排资源的优先顺序。

为将项目团队的注意力集中在真正重要的事情上，发现驱动计划要求他们首先将初始预测背后的所有假设列出来。接着，一个重要问题是“为确保预测可以实现，必须证明哪些假设是正确的”。然后根据战略重要性和可信度对这些假设进行分类。斯科特·安东尼设计了一个很好的方式，可以按照这两个维度给假设排列先后顺序。图3-3中的矩阵展示了哪些假设需要验证，哪些假设不需要验证，让人一目了然。

这里有一些暗藏危险的假设，需要我们的挑战和证明：

- 客户将购买我们的产品，因为我们的产品技术更好。
- 分销商愿意购入该产品，并为该产品提供服务。
- 我们可以准时在预算内完成产品开发。
- 竞争对手将对我们的产品做出合理回应。

图 3-3 为假设排列顺序

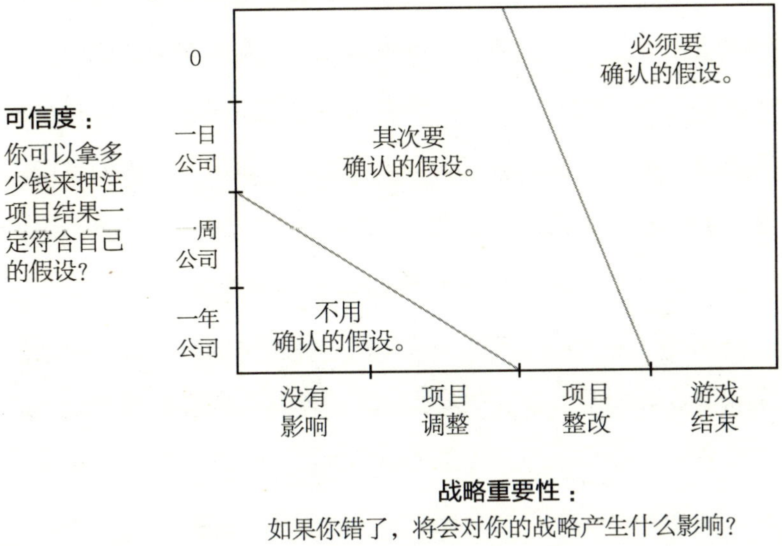

- 市场上重要的、有影响力的意见领袖将支持我们。
- 公司中的其他部门愿意支持我们的产品发布计划。

这些可疑的假设比赛格威电动平衡车在商业计划中采用的假设更加危险。赛格威电动平衡车是一款很有创意的两轮电池驱动个人运输工具。平衡车采用的动态稳定技术精密复杂，开发成本高昂，因此它的发布价格便定位在了5000美元。根据商业计划，截止产品发布的第一年年底，平衡车的销量应达到每月四万辆。

五年中仅售出了两万三千辆电动平衡车（销售量接近每月

四百辆）。那么，哪里出了问题呢？赛格威的潜在市场是对交通距离只有几公里需求的群体，而且平衡车的使用要在可以步行的路面上，例如人行道和机场等。相对于潜在市场预测，实际情况中这一市场要小很多。很多人可以通过步行或者骑自行车满足这一需求。对于那些确实需要运输工具的人，他们也可以在市面上找到一种价格更低、更简单的站立式交通工具。这种工具为保持平衡多增加了一个轮子，已能满足市场的需求。

发现驱动型计划可以帮助开发团队和掌握资源配置的高管发现商业计划中潜在的危险假设，并向这些假设提出挑战。这种计划方式建立在逆向损益表的基础之上。顾名思义，我们要从营运利润目标出发，接着反过来想一想，要实现这一利润必须要完成哪些事情。我们必须把假设弄清楚，例如为实现销售利润，必须完成多少销售额；价值链的每个阶段——新产品的生产、销售和经销——分别产生多少成本；以及为实现投资回报率目标，项目可以支持的资产等。要做这些估算，就需要把假设（为了使项目取得成功而需要完成的所有事情）弄清楚，并在项目说明中适当注明。在项目的早期阶段，我们利用“切实—成功—值得”审查来挖掘假设，但是这些假设很有可能是错误的。等到项目到了发布前的决策阶段，大家又已经学到了很多新知识，这时就可以消除假设中的不确定性，更有信心地填好逆向损益表。

让你的选择多一点

公司在考虑投资“小i”创新时，其内部的核心数据会驱使公司选择他们熟悉的净现值方式和贴现现金流方式来对该投资进行评估。这么一来，对于“我们对该项目的预期净现值投资回报率会不会超过我们的资本成本”这一问题，公司就会得到一个（看似）肯定的答案。当然，包括成本、收益在内的所有预测结果就会如此——因为假设是可以被操纵的。但是，熟悉市场和竞争对手等情况的资深管理者能立刻发现那些过于夸张的假设。

对周边市场和“大I”增长机遇的财务评估更是问题重重，因为有太多的不确定性因素需要解决。事实上，净现值方式会阻碍战略思考。相反，我们需要的是从“大胆设想，小处着手，迅速扩展”这一口号中找到一种全然不同的方式来决定资源配置。说得更正式点，我们需要的是实物期权这种方式。

实物期权是一种相对规模较小的投资。它赋予公司选择权，却不制造负担，因为是否进行下一步的投资要视今后情况而定。要使这种方式行得通，就要在收益的分配上有所侧重，把更多的收益用在有利的潜能上，而在可能造成失败或损失的事情上减少收益的分配。你可以选择终止某项投资；如果初步投资看上去效果不错，你可以在管控好风险的同时保留进一步投资的权力。这些就是收益分配的体现。你下一步行动完全取决于目前了解到的情况。

因为选择更多了，你就可以把重点放到减少早期失败的损失上，而不是努力减少失败的概率。当某项投资失败时，你必须要终止这个选项，但是要从失败中吸取教训，这样才能给新的增长计划提供更多信息。优秀的公司采用实物期权这种方式已经有很长一段时间了，并且从中获益匪浅。以下是他们开展的一些活动：

- 对初步设计或初步样本快速制定模型，并通过概念测试或互联网市场调查，获取市场对不同版本的反馈意见。
- 在产品全面发布之前，也就是大规模投产之前，通过小规模的试验性项目对生产过程和生产系统进行检测。
- 对小型的新兴技术公司进行试验性投资，之后选择是否收购一家较大的企业。在这个过程中，你有机会了解该新兴技术的前景和缺陷。
- 在早期阶段将一些产品开发活动和产品交付活动外包给专门的合作伙伴，将风险降到最低。

如果该机遇呈现出良好的发展势头，你就可以进行下一阶段的投资；如果发展形势不好，那你的损失也在可控的范围之内。

实物期权思维还可以带来更多的后续增长机遇。如果没有初始的新项目，这些后续的增长机遇肯定不会产生。不过，因为这些后续的机遇不一定会出现，所以它们的价值通常会被标为零。在我看来，这么做是危险的，因为它使增长计划陷于不利的地位。更合理的做法是算出新投资的净现值，如果净现值低于某个（风险调整后的）收益率门槛，你就要考虑为了使投资具有吸引力，还要从试验性投资中实现多少未来现金流。例如，为了吸引对价格敏感的客户，道康宁公司成立了基于网络的有机硅产品经销平台XIAMETER（前面章节中有过详述）。如果该平台只销售有机硅产品，这项投资看上去就没有多少吸引力。那么，为什么道康宁公司倾向于投资这个平台呢？因为他们清楚地认识到，这个平台将成为一个有活力的大型平台，可以销售任何未分化的化合物，如乙二醇等。而事实也正是如此，因为固定成本已经收回，来自非竞争公司的额外业务便带来了大量利润。

第四节　开发并发布最佳机遇

严谨有序的战略增长过程可以使一个增长机遇成功商业化，从而真正实现增长。这个增长过程的最后阶段是一套内置的开发流程，它们的作用是将最佳机遇快速地推向市场。

本章中重点介绍的三个筛选程序是为了将具有吸引力的机遇汇聚在一起。这些机遇让公司有信心把稀有的开发人才和财力配置给它们。三个筛选程序的作用请见图3-4，其中还特别

图 3-4 创新概念的损耗曲线

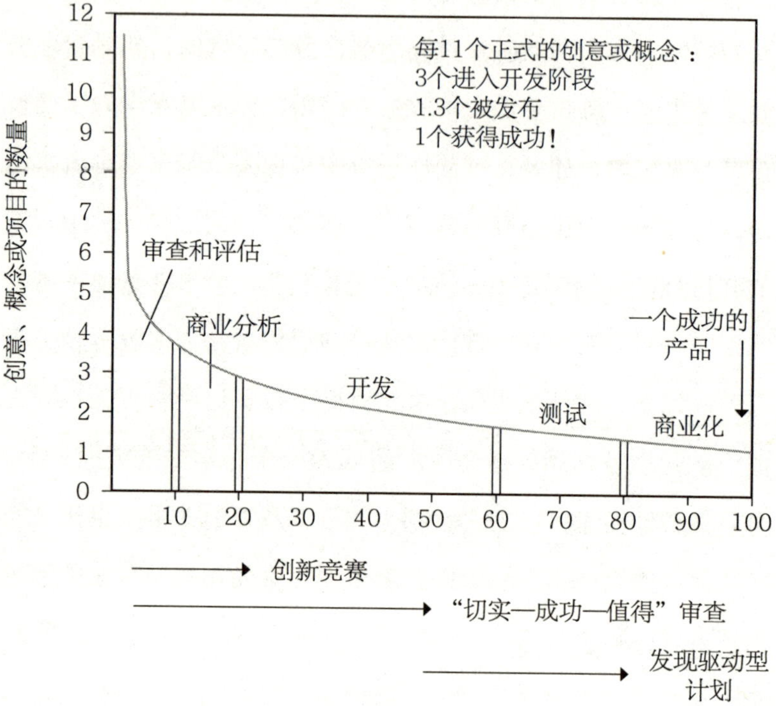

注明了为发布一个新产品需要多少新的产品概念。这个简图受到原始研究的限制，因为原始研究的对象只有新产品（没有包括全面的增长概念），也没有区分“小i”创新和“大I”创新。尽管研究有点过时，但是它让人看到在战略过程的汇聚和开发阶段，增长创意被快速损耗的过程。里面的数据总体上与我们的发现一致，即所有创新中，有60%至65%能获得成功。

该损耗曲线的一个明显特征是，在一个增长概念走向市场的总时间中，有80%是花在开发、测试和商业化阶段。这也是为什么大多数关于创新的文献都在强调这些活动。而我们则更关心这些特定的项目活动所处的更广泛的战略环境。

第五节　管理者指南：检查当前的做法

我从来没有见过哪个管理团队抱怨他们缺乏机遇。他们通常缺乏的是信心——不确定自己是否已经抓住了最佳机遇，或者不相信自己有能力找到最佳机遇。为了找出需要改进的地方，我列出了以下一些问题。它们可以帮助你检查当前的做法，找到改进空间：

- 为应对战略挑战，增长机遇是如何生成和选择的？公司中是否有一群来自多部门的、了解情况的人员参与机遇的生成和筛选过程？有没有向最具创新精神的人征求创意？
- 项目团队和机遇的支持者是怎样看待项目审查的：将其视为决定项目取舍的工具还是一次学习如何改善增长计划的机会？
- 在项目开发的不同阶段，项目审查分别进行了多长时间？大家如何看待项目审查的时间：认为它们妨碍了真正的创新工作，还是认为为改善项目提供了机会并因此获得了公司各部门的一致支持？
- 公司是否会常规性地对失败的或不如意的项目开展事后

分析，以找到问题原因并改进不足之处？公司里有多少人同意这一观点？

- 公司的资源配置是否主要依据财务预测，根据财务预测选择项目进行投资？是否会找出并证明预测背后的假设？
- 公司使用哪些财务方法来决定是否对增长计划中的某个主要项目进行投资？这些方法是取决于大家熟悉的净现值方式，还是会考虑实物期权的价值？
- 公司以往采用过哪种实物期权？哪些是最成功的？哪些是最不成功的？

INNOVATION PROWESS

第四章

CHAPTER 4

利用创新实力加速增长

3M公司一直被认为是一个生产创新的“大工厂”，行业中的佼佼者。公司重视因客户启发而得来的创新，也有专门的机制来听取客户的意见，并对他们的反馈做出处理。3M公司首席技术官弗雷德·帕伦斯基这样解释公司由外而内的模式：“与客户相连，了解他们明确的需求和潜在的需求，然后决定用公司的哪些能力来为客户的问题提供独特、独家以及持久的解决方案。”3M公司的各个部门可以协同找出这些解决方案，这取决于公司互相依赖、信息共享的企业文化。众所周知，3M公司的工程师有充分的时间寻找新的创意，开展新的实验，但是创意共享和共同学习在该公司同样具有重要作用。3M公司还提供多种多样的基金将大量创意转化成增长计划，如资助实验项目的“启动基金”等。一旦发现某个实验项目很有希望，公司就会给这个项目配置资源，来支持它实现商业化。大家也不害怕失败；公司会嘉奖那些“出发点好的失败”，因为它们提供了有用的经验，可以在其他地方被用到。

对于3M、帝亚吉欧、赛尔基因和乐高这样的增长领跑公司，他们的创新实力令他们更快地发现机遇，将更多更好的增长计划成功推向市场；他们慎重地控制无法避免的风险，从而提高了创新的生产力。因此，这些公司取得优势令其他公司难以追赶。创新实力就像是公司的肌肉，它调动公司的资源将这些资源集中起来，从而实现公司的战略意图。

创新实力要求我们不仅仅完成前面章节中讨论过的那些步骤。诗人奥登曾暗示，人类总是要先装作了不起才能真的做到了不起。从很多方面来说，公司设计严谨有序的增长寻求过程就是在“假装”自己很有创新实力。这是公司必须要迈开的第一步。但是创新实力不仅仅包括战略过程。如果你没有处理好人的问题、组织机构的问题，那么你只能永远装装样子。创新实力还需要三个组织要素的协同配合。如图4-1所示，这三个组织要素相互交织，体现了公司的创新能力。

- **文化**。文化是指公司共同的价值观和信念，用以判断哪些行为是恰当的，哪些行为是不恰当的。人们一般把它概括为“我们这儿的做事方式”。

- **能力**。这是指公司掌握的技巧、技术和知识。公司用来开展具体活动，实施创新过程。不要把公司的能力与资产相混淆，能力是人创造的，也是被人利用的工具。

图 4-1 诊断创新能力

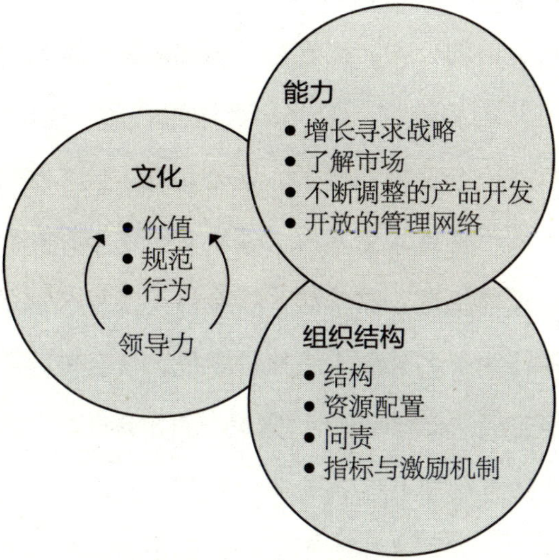

- **组织结构。**组织的结构包括资源是如何配置的，谁负责达成目标，以及如何衡量成功等。不要认为组织结构就是一张组织架构图——事实上，它是一张反映公司内部决策和内部资源的动态流程图。

这三个要素互相巩固。它们不是简单相加；相反，它们之间是乘法的关系，如果其中一个要素很薄弱，那么其他两个都会受到影响。一个公司若是为保护自己的地盘而采用僵硬的组织机构，将极大地阻碍公司内部分享市场信息，也不利于公司建立开放的企业文化。如果公司文化不重视客户的反馈信息，那么公司就没有能力听取和吸收客户的意见。其中的每一个方面都至关重要，但是最重要的是公司文化。

只要有合适的公司文化支持，公司就能成功打造更强创新能力或改进其组织结构。相反，紊乱的公司文化就很难治理。索尼公司就是一个典型的例子。该公司在iPod（尽管它曾凭借索尼随身听成为便携式音乐的引领者）技术革命和智能手机革命中都没有抓住机遇。霍华德·斯金格是索尼公司的现任首席执行官。他作为一名外部人士执掌索尼，任务就是要改变公司的文化。他曾经这样自嘲道："索尼一直沉迷于自己的现状，哪怕它现在的状态已经不容乐观。"

虽说如此，公司文化可不是一声令下就有的。它们不是靠人说出来的，即使是公司里最有魅力的领导也无法做到。随着管理者对某些行为的塑造和鼓励以及公司的激励机制对这些行为的加强，公司文化就逐渐形成了。鉴于公司文化在短时期内难以改变，这里我将重点谈一谈如何通过提升公司能力、调整组织结构来改变公司文化。因为能力提升和结构调整可以改变公司行为，随着时间的推移，这些改变就成了公司文化的一部分。但在这之前，我想先描述一下我们努力的目标："创新文化。"

第一节　创新文化

公司文化有很多层次，也包括很多方面。最深的层次是一些特征和价值，它们表达了公司长久以来的偏向或愿望。对于这些价值，大家更容易理解的一个表述是“规范”，这指的是公司共同认为的、恰当的或希望发生的行为。当高级管理层和员工决定如何利用他们的时间时，他们呈现出的行为最能反映一个公司的文化。公司高层的态度是最重要的，所以，我们将关注领导层的态度和选择。

创新文化中的价值和规范

创新型公司的文化不会是浅薄的，也不会让人看过就忘；关于创新公司特征的口号数也数不清。创新专家们总是鞭策公司要“分享，才有收获”，“总是以双赢为目标”，“尽快栽跟头”以及“从失败中吸取教训”。每个口号都有可取之处。但也都是老生常谈了。创新领跑公司不会一味地效仿别人的经验；相反，他们会深入地思考，可以采取哪些措施来提高公司效率，从而走出自己的道路。

这些优秀做法在很多文章和专著中都有具体的描述和解释。但是，人们往往会去掉这些做法的特定背景，将它们作为经验单独提炼出来；而这些做法之所以有效，正是因为它们适合各自的特定情况。当雷富礼成为宝洁公司的首席执行官时，公司士气低落，创新速度大幅下降。为了提高公司的凝聚力，雷富礼提出了“顾客就是老板”的口号。这么做的目的是向员工反复灌输一个意识，即购买和使用宝洁产品的消费者所提供的价值不仅体现在他们的购买力上，还体现在他们能成为宝洁公司创意和信息的丰富来源。通过高强度的反复灌输和他个人的表率作用，雷富礼将这一意识成功植入了公司的文化之中。他的方式证明是可行的，但是如果没有雷富礼的高强度执行而只是空谈口号，那么这个口号在其他地方就不一定会取得成功。博斯公司最近对一些公司高管开展了一项调查，让他们列出对公司而言最为重要的文化特征：

1. 与客户强烈的认同感，以及面向客户的整体定位（重要性得分=0.62）；

2. 对产品和服务有热情，有信心（0.50）；

3. 尊重知识，尊重技术人才（0.24）；

4. 对来自客户、供应商、竞争对手和其他行业的新创意持开放态度（0.23）；

5. 各部门、各区域之间的合作（0.2）。

事实上，这项研究是专门为获取新创意和分享新创意而设计的，但是该研究却发现“乐于接受新创意”在公司文化价值中的评分如此之低。这一发现可谓非常讽刺。这些文化属性中，有一些属性是以严谨的研究作为依据的——尤其是以市场为导向的创新带来的积极作用，这方面有大量研究；而以市场为导向的创新反过来又与财务表现高度相关。但是，总体来说，这种通过对成功经验开展研究而得出的建议一般都是属于“老生常谈”这一类型的：人人都觉得这些想法很好，很少有人不赞同。但是这些温和的想法却不能推动公司创新文化的发展。

根据我的经验，创新型公司在文化上都有一个重要的共同点，那就是他们相信，比起成功的经验，他们可以从分析失败原因中学到更多东西；一次失败其实是给公司提供了一次发现错误和消除错误的机会，使公司把事情做得更好。此外，具有创新实力的公司还具有三种高度相关的文化特征。

第一，这些公司愿意蚕食自己成功产品的市场份额。这要求公司从由外而内的角度看问题。他们认识到，一旦有更好的解决方案出现，客户将会立刻转移阵地，不管这个解决方案是谁提供的。创新者们宁愿现在就蚕食掉自己，也不愿意在竞争对手推出更好的解决方案并带走客户时忍饥挨饿。

第二，他们对风险持不同态度。这些公司宁愿接受创新失败带来的高风险，也不愿意按兵不动，冒着更大的风险被竞争对手打败。任何创新计划都具有很高的失败风险，尤其是那些超出公司能力的计划。因此，继续投资核心业务的诱惑是极大的，因为其风险调整后的收益看上去并不会变差。但是这些收益都是暂时和短期的，公司将不愿意走全面的创新之路。

第三个重要特征是对未来的关注。创新型公司文化并不止步于过去和现在取得的成功，而是集中力量追求下一个成功。

例如，丰田公司的文化就包括对成功的项目进行事后分析，来发现未来可以改进的地方。

领导力和文化

领导者的脚印遍布文化的方方面面。虽然公司文化的基调是由最高领导人奠定的，但是要靠其他管理层来推行。当然，如果公司的最高领导人同时也是公司的创始人，那么他们心中的愿景、优先考虑的事以及人格魅力便具有最大的影响力。领导者将尊重领导价值观、行为举止令领导满意的人员安排在公司内。重视创新的领导者会鼓励大家承担风险，追求新创意和新机遇。这使人人都有了冒险的勇气，因为他们相信整个公司都会在后面支持他们。相反，心中只有短期目标的公司运营领导者会起用谨慎的员工，创新失败时先找出对失败负责的人——这对创新是极大的打击。

杰夫·贝索斯为亚马逊网站打造了一个强有力的创新文化。在最近的一个访问中，贝索斯透露了他如何选拔那些具有创新天分的人。在面试求职者时，他向所有求职者发出了一个强有力的信号："告诉我你曾经发明过什么。"他期待创新的出现，并对创新进行评估。贝索斯尤其想寻找那些从由外而内的角度进行创新的人并且通过开展大量实验，鼓励改进客户体验。另外，在亚马逊错失的良机中，他感到大部分是因为应对不足，而不是应对不当。因此，贝索斯鼓励他的员工在考虑是否发布新产品时，问一问自己“为什么不发布”？

领导者有很多方式来打造文化。其中之一就是领导者的时间分配；他们花越多的时间检查项目、与团队一起工作、招聘人才，他们就能更快地进行决策。通过更好地了解项目，他们可以找到项目中的薄弱环节，以及项目团队可能忽略的地方。很多公司会定期召开进度审查会议——好像创新可以定期审查一样。在常规会议之外进行频繁的交流可以加快互动性的项目开发，也肯定会帮助领导层提出更有水平的问题。

大多数新兴的或快速增长的公司都会有一个鼓励创新的文化。但是当增长速度逐渐放缓——最终都会这样——公司的领导层就会面对一个巨大的文化挑战：即使现在创新的风险更大，公司也将继续追求创新？公司立场是否会变得更加谨慎？公司注重从现有市场中提取最大价值，还是继续保持由外而内的角度，寻找新市场和新机遇？注重由内而外的领导者可能会倾向于并购和收购，而不是向周边市场甚至更远市场扩大的有机增长。随着更多的投资和领导关注转向并购和收购交易，公司的其他人员也将意识到文化的风向开始转变了。

然而，即使领导者愿意鼓励创新文化，他们也会面对巨大的挑战。快速增长期会削弱公司文化（如果招聘的人员过多，就会来不及向他们“灌输”公司的文化规范和价值观），使公司现有的组织结构和能力无法应对。外部环境也一直在变。过去在公司内部和外部都行得通的方法可能在现在的情况下不再有用。

因此，要保持创新文化，领导者就要愿意定期审查公司的能力和组织结构，以确保它们可以进一步提高公司创新实力，深化公司创新文化，实现公司有机增长。

第二节　创新能力

文化是公司行为的基石和力量之源。而能力则是公司采取行动时所使用的技巧和经验之和。文化与能力属于共生的关系，两者缺一不可。并且，要想取得更好的结果，两者还必须紧密配合。

能力是指一组组紧密结合的技能、技术和不断积累的知识，在各种组织过程中不断得到锻炼。每项业务在开展活动时都需涉及很多能力，这样才能把相关产品和服务沿着价值链推进。能力不能与资产相混淆，后者是指公司累积的各种资源。同样，工厂投资、专利投资或系统投资也不属于能力，因为这些都是实在的事物，不是技巧。能力是将这些资产组合起来的黏合剂，使它们以更优越的方式得到利用。能力也不会随着时间被消耗殆尽；事实上，能力会越用越好，因为它在实践中可以不断吸收新知识。

公司需要四项能力来实现获得优越的创新实力，这也意味着它可以比竞争对手更好地利用其创新实力。第一项也是最重要的一项能力是执行严谨有序的战略过程。该过程为业务的增长寻求过程提供了组织框架，也是本书的重点内容。第二项指的是了解市场的能力。这与由外而内的方式是互为一体的。第三项能力是开放的网络管理能力。该能力在过去二十年里重新定义了创新这一概念。第四项是不断调整的产品开发能力。这一能力使公司选择的增长计划经历了产品开发和测试过程，直到最后实现市场化。让我们更详细地了解下最后三项辅助能力。

了解市场的能力

发现不错的市场机遇、了解人们对创新的反应并不容易。相反，我们必须积极地去发现这些知识，并通过市场感知、意义构建、知识应用和反馈学习来对这些知识采取行动。请记住，所有的能力都是由学习推动的，只有不断地学习才能积累新的知识。

市场感知

当公司将要进行决策审查或战略审查、出现问题或者某个创新计划需要对客户需求做出更深入了解时，就会引发市场感知这一活动。有了这些火花，公司便开始积极地寻找和了解相关信息——公司可以根据这些信息采取措施，包括公司知识库中已经存储的信息以及公司上下所有管理者了解到的信息。如果这一过程进行顺利，那么公司获得了预测其市场走向所需的信息，并可以在竞争对手之前到达这些市场。

意义构建

要获得有用的信息，我们必须对信息进行过滤，从而发现一些连贯的模式，将信息转化为可利用的知识。在这一阶段，人们会犯很多错误。管理者会对发现的信息做出错误的解读，因为他们只选择自己想看的信息。更有甚者，他们可能会忽略那些不符合自己预期的信息。例如，当信息与主流看法相异时，它们常常会遭到忽视或否定。一家洗涤剂制造商希望为产品找到新客户，于是他们组织了一支多元化的团队来研究这些潜在的客户（大多数为女性）。这么做的目的是了解她们生活中的压力、需求和期望，以及她们对自己衣服的感受。通过这些深入观察，该团队提出了一种新的方法来回应这些女性消费者的感受。但是，这种新方法与高级管理层对该洗涤剂品牌的定位相左。为了克服高级管理层的看法，该团队将他们的发现以舞台剧的方式呈现了出来。这部“剧”历时一小时，台词均来自消费者参与的会议讨论记录。

知识应用

新知识在被发现时就可以进行应用，当然如果公司认为有必要在处理新机遇时深入挖掘其知识库，那么新知识也可以在更晚的时候应用。但是，等待的时间越长，公司就越难保证旧知识的检索和应用足以解决新出现的问题。例如，对拥有大量专利的公司来说，知识应用可以带来很多成果。与新兴科技、政策或客户喜好相关的专利往往会带来新产品。例如，大型化工企业科宁公司，开发了一款植物材料柔顺剂——大多数柔顺剂使用的是动物脂肪——但是该柔顺剂在水中效果不好，因此不能有效地在洗衣机中使用。后来，科宁公司与洗衣干燥剂生产商艾禾美合作时，发现了应用其现有技术的机会。科宁公司与艾禾美一起发布了“全效二合一干燥剂”——一种液体的衣服柔顺剂，可以减少衣物静电。

反馈学习

了解市场能力强的公司会主动地从创新活动和创新过程中发现并吸取经验。市场反应是否符合预期？如果不符合，那是为什么？应该如何改进创新过程和创新方法？当这些经验在公司中得到广泛传播时，就能持续改善公司的创新实践。如果有公司文化的支持，将失败看成是学习的好机会，那么创新实践就很有可能得到提高。

开放的网络管理能力

“开放”拥有丰富的积极含义，包括“扩张性”、“灵活性”、“分享”和“方便获得”等。随着通信网络技术的进步和对不同利益方的协调，以及诸如宝洁公司“联系+发展”创新模式之类著名成功故事的诞生，越来越多的公司认识到“为我们工作的不全是行业精英”，“开放”被越来越多地应用到了创新过程中。

开放的创新网络多种多样。下面举几个例子：

- **与外部合作伙伴合作，共同开发。**这些项目可以逐步发展成合资公司或同盟。合作伙伴以一个新实体的形式，形成了正式而合法的分享关系。

- **诸如“创新中心”和“九西格玛”这样的创新中间商可以帮助公司寻找创意，帮助创意的发明人寻找市场。**公司可以与创新中间商合作，来找到某个具体问题的解决方案，无论是为产品增加一个新特征还是设计一种带有特定属性的新聚合物。公司只需将问题告诉来自全球的某个创新中间商即可。

- **与客户共同创造。**这便将客户放在了创新过程的中心位置。例如填充玩具，这类产品的创新一般就是指预测客户的设计需求，并把它生产出来送到商店的货架上。而“熊熊工作室”则彻底地告别了这一传统方式。它为客户专门设立一个平台，供客户设计属于他们自己的毛绒玩具。孩子们买下一个动物玩具的雏形，然后赋予这个动物个性化的声音、服装和其他部件，使它拥有自己的身份。客户也从中获得了体验。

- **员工社交网络。**百盛餐饮集团（“艾德熊”、“塔可贝尔”、

“肯德基”和“必胜客”的母公司）为其三十万员工提供了一个内部社交网络和协作工具，鼓励他们定期使用这个网络解决问题，分享成功经验。

如果是由核心企业控制，那开放的创新网络就会更类似于一个私人俱乐部。在这里，你和一位或者多位同事携手合作，共同处理一个机遇，因为他们手上有必要的资源，同你也没有无法解决的利益冲突。这种方式很适合复杂解决方案的创新。例如，杨森（制药）公司帮助医生解决了精神分裂症患者忘记药物治疗这一问题（大约有30%的病人会出现这个问题）。通过与病人、医生、护士、调度师、诊所以及实施过程中的合作伙伴一起工作，杨森公司掌握了药品分销到药品注射过程中的所有环节，帮助病人克服了障碍。

图4-2描述了开放式创新网络相互交织的性质，其中包括一些可能会参与进来的合作伙伴。虽然这个“毛线球”一样的简图看上去异常复杂，但是有些公司却有能力有效地疏通各个环节，与合作伙伴实现共赢。这种能力需要一整套技巧和经验，它们难以习得，也难以模仿，因此公司要是投资发展这项能力，那么就可能获得丰厚的回报。创新速度更快，解决方案的选项更多，与合作伙伴有更多方式分担风险，这些都会使公司的付出变得值得。但是，公司需要哪些技巧和知识呢？

图 4-2　在开放的网络中创新

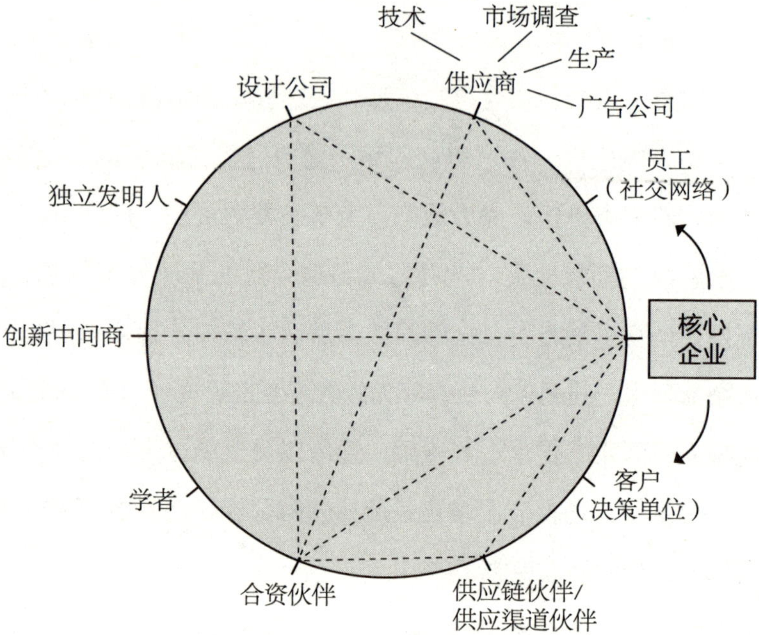

绘制和融合创新生态系统

公司首先要掌握的技巧就是了解潜在的合作伙伴，无论他们是来自公司内部还是外部，只要能对创新活动做出特别的贡献就行。了解合作伙伴有一个很好方式，那就是绘制一张包含所有潜在合作伙伴的图。确定好合作伙伴后，我们就可以群策群力，找到与外部合作伙伴的联系，数量越多越好——这些联系往往很有益处，可以确保选择的合作伙伴能立刻融入到创新活动中。通用电气的很多业务都加入到了“行动健身”网络中。该网络的目标是汇聚所有业务内部的实施者，来确认和绘制他们所处的生态系统，以及通用电气外部所有潜在的合作伙伴——他们有创新的需求，也愿意为了项目取得成功而采纳该创新。

辨别和控制风险

开放的创新网络会带来一整套全新而不同的风险，需要我们辨别和控制。通过研究生态系统中的角色和环节，我们可以发现两种风险——每种都需要特定的行动计划：(1)共同创新风险，源于我们在创新时对他方的依赖；(2)创新采纳风险，这是指在消费者对创新的价值主张做出全面评估前，合作伙伴愿意在多大程度上采纳你的创新。2006年9月，索尼发布了电子阅读器eReader。开始时该产品被誉为图书行业的iPod。但是，索尼的这项新产品需要依赖市场上其他合作伙伴才能获得成功，而索尼公司没有看出这一风险，也没有控制好该风险，因此，该产品在全球市场上占有10%的份额。作为一款设备，索尼的eReader非常出众：薄、轻、使用方便，具有搜索、寻找、存储大量图书的功能。但是，如果找不到想要的内容，设备再好也没有用。这就是索尼eReader的致命伤。根据罗恩·艾德纳的观察，“比起花高价买电子书，直接去当地书店买书或者网上购书就显得方便多了。eReader电子书库存少，存书目录排版随意，购书过程极为不便”。如果索尼公司的管理层以由外而内的角度看待这些弱点（而不是由内而外地专注于产品硬件），eReader肯定会走上一条不同的发展道路。

与网络中的合作伙伴沟通

通过开放式网络将创新推向市场将带来一系列严峻的问题：选择哪些合作伙伴？怎样激励他们相互合作？怎样让他们在变化的环境中保持满意？如何保护知识产权，确保公平分享经济价值？这些问题的答案不在本书的讨论范围之内，但幸运的是，我们有很多关于联盟、合资和交叉许可的文献，它们为管理和协调合作伙伴提供了明确的指导，包括系统因素、人员因素和结构机制因素等。

不断调整的产品开发能力

大多数公司会采取某种门径管理开发流程将创新概念带入市场。该流程将开发过程自然分为几个步骤，用以将选定的概念以产品的形式进行发布。每个阶段都是从一个门径或者想好“做还是不做”的决定开始。由高级管理层审查开发团队的进展情况，并确定是否要进行到下一阶段。鉴于每一阶段都要进行一次筛选，因此这个过程中的损耗还是很大的。这就诞生了“预付费”的项目资助模式，只有在项目指标如项目进度、开发预算、模型性能和生产成本等方面取得令人满意的进展时，项目才能获得下一步发展所需要的资源。

这种门径模式看上去整齐流畅，连续性强，很适合其发源地——美国国家航空和航天局的工程项目。但实则不然，它重复性强、进展缓慢、混乱而且耗费时间。

公司之间的开发能力相差悬殊。阿瑟·里特曾说过，表现最好的公司其生产力是所有公司平均值的五倍。也就是说，付出同样的研发投入、新产品开发成本和开发时间，他们的新产品实现了五倍的收益或利润。

能力卓越的公司有很多方法改进开发过程。首先，抛开一刀切的门径模式，他们为“小i”项目、周边项目以及“大I”项目设计了两种版本的门径流程，一种比较复杂，一种相对简单（见图4-3）。开发过程中的这些变动使周边及“大I”创新项目的模糊性更大。在到达每个门径之前，“高效率的”标准模式（适合“小i”创新项目）设定好早期目标，并认为后期的学习可以阐释早期目标起到巩固和说明作用。这就要求开发过程中不发生意外。而在实际情况中，随着“大I”项目的开发，肯定会发生很多意料之外的事情（有的是好事，有的是坏事），并且项目背后的假设也会得到深入挖掘和挑战——这些都需要团队对项目进行重新思考。

通过给门径“瘦身”，公司还会获得更多好处。开发团队不用再为通过门径而做冗长而耗时的准备工作。取而代之的是一份简洁的文件，再配上几张幻灯片投影即可。门径的“看守者”

图 4-3　门径管理流程的变动

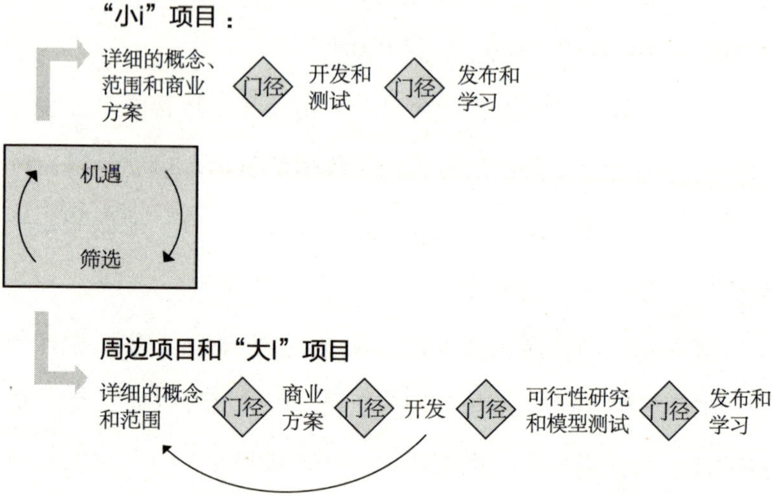

应该在开会之前熟悉该项目，因此开发团队只需在门径审查会上告知他们项目的风险和应付出的努力。成功的公司会简化门径管理流程，而更多地关注交付内容和责任划分。正因如此，乐高集团才能将平均开发时间从1999年的36个月缩减到2010年的12个月，并且项目的成功率也提高了。乐高集团取消了常规的检查清单，并改由项目团队决定在每一阶段应开展哪些活动来证明项目的可行性。

第三节　创新组织结构

强健的文化和训练有素的创新能力还不能保证公司具有优

越的创新实力。创新实力的最后一个要素便是组织结构。它可以将所有元素组织起来，高效地进行资源配置，使人们在工作中发挥最大潜力，还可以分配责任以完成目标。只有当最高管理层能够在以下问题上竭诚达成共识时，我们才能说这个公司的组织结构是完整的：

- 在公司最高层，由谁负责达成增长目标？如果没有完成该增长目标会有怎样的后果？
- 资源（包括人员、资金、年度预算）是如何配置的？如果资源都被套进了核心业务将产生怎样的后果？
- 如何保持成绩？主要的创新指标有哪些？公司有哪些措施来激励个人和团队完成这些指标？
- 谁负责人员的招聘、选拔和培训，然后将他们分配到团队中去？

这些组织结构方面的问题是无法回避的。要找到问题的最佳答案，公司需要回顾以往的成功做法，学习其他公司的经验，并坦率地面对阻碍增长的组织结构问题。组织结构没有固定模式；相反，它取决于历史因素、竞争环境和市场现实以及领导层改革组织结构的决心。无论这些问题的答案是怎样产生的，根据我的经验，公司领导可以利用这两个最有效的杠杆，即结构设计和指标与激励机制的选择。

设计面向创新的组织结构

对组织结构进行重新思考并不是从零开始。相反，公司可以借鉴以往成功的经验和失败的教训，这些都能对组织结构的改善有所启发。这要求每个人都认识到组织结构中阻碍增长的顽固因素，并就如何改进组织结构、克服这些因素达成一致意见。以下便是三个需要克服的结构弊端：

增长抑制因素一：责任分散

如果你进入市场时间较晚，需要创新核心业务，以便在竞争中保持优势，满足新的客户需求，那么你就可能是这一抑制因素的受害者。没有清楚地指出项目结果向谁问责是一种常见的结构弊端。一旦弄错重点，或者同样的资源有太多的项目来竞争，那么这一弊端将引起更严重的后果。该问题可能是由信息技术部门、生产部门或供应链造成的。但是如果项目经理不够分量，他要么是不适合这个位置，要么是对预算没有话语权，因此缺乏影响力。

如果公司对这一抑制因素进行认真分析，就能知道是否可以通过恰当的监管——由公司高层成立工作委员会对投资组合进行严格评估，以及将重点项目布置给跨职能团队——来抵消该抑制因素的影响。这样，尽管团队手中的项目数量减少了，但是每个项目都能更快地完成，因此完成的项目也更多了。

增长抑制因素二：框架思维/狭隘思维

当这一抑制因素发挥作用时，公司在寻求或追求机遇时范围将过于狭窄，独立出来的业务模式创新也难以设计和培养。2006年，通用电气开始加快其14个业务单元的增长。通用电气认识到，要实现有机增长目标，公司需要的不仅是在全球市场上加强新技术的应用。为了给公司带来由外而内的视角、扩大增长机遇的范围，公司建立了一个严谨有序的战略增长过程。这项任务由公司首席市场官康贝丝领导。反过来，她与业务部门领导一起，为每个业务单位的领导团队配备合格的营销人员，在增长活动中发挥领导作用。这些措施得到了首席执行官杰弗里·伊梅尔特的鼎力支持。同时，通过建立多元化的高级管理层（并减少工作调动，使负责业务的领导有足够时间在位置上收获增长计划带来的回报）、投资人才培训和能力建设以及将创新指标与激励机制相挂钩，这些措施在公司中扎下了根。

增长抑制因素三：圆孔方钉

抑制增长的另一个主要因素是将“大I”创新计划硬塞进现有的组织结构中。嘉吉公司已成长为一家大型国际性农业和食品供应商。和很多大型、成熟的企业一样，嘉吉公司感到，有些与公司现有业务不太适应的机遇还没有得到充分挖掘。事实上，公司现行的激励机制阻碍着业务经理们承担更大、更长期的风险，即使这些风险可能有着很高的回报。例如，嘉吉公司有一项业务是向国家道路部门销售一种标准化的融冰化学品。该业务部门已掌握了一条低成本的供应链，因此就对专门应用于桥梁和高速公路匝道等特殊环境的新款融冰产品——一种环氧涂层，可抑制结冰——很排斥。

新产品的业务模式并不适应现有的组织结构，因此需要公司开发新的能力，以实现销售。很多组织结构模式都需要克服"圆孔方钉"的问题。嘉吉公司成功地打造了一个全方位服务小组，称为"新兴业务加速器（EBA）"。通过人员配备、提供资金和对机遇进行监控，该小组引导核心业务以外机遇的发展，直到它们与嘉吉公司的成熟业务融为一体。这就是沃尔科特和利皮茨所说的"有重点的组织所有权"和"专门的资源权力"。根据组织所有权是否有重点、机遇是否从现有业务内部出现，资源配置是否按事先计划进行，或者公司是否为非核心业务机遇提供专门的预算储备或战略储备，解决该问题的方法还有很多种。关键是公司不要将机遇硬塞进不合脚的现有业务中，确保机遇不会遭到扼杀或缺乏资源保障。

指标与激励机制

创新指标用途广泛。它是找出创新过程中薄弱环节的重要工具，也可以用以发现增长计划组合中与增长战略不相符的地方，使公司避免付出高昂代价。同时，通过设定改进目标、将激励机制与目标成果相挂钩，它还可以明确管理者的责任。对于一个具有挑战性的目标，公司如果能巧妙选择出指标，也就明确地发出了战略重点转移的信号。雷富礼对宝洁公司的创新实力进行了成功转型。转型内容之一就是设定了一个目标，即宝洁公司一半的创新项目要从公司外部获得。

一套有用创新的指标应包括输入测量手段，例如正在酝酿中的概念的数量；过程测量手段，例如进入市场的平均时间；以及绩效结果，例如新产品在几年内的销量百分比，客户满意度，投资组合的净现值等。但是，大多数管理者都对他们的指标系统感到不甚满意。

这主要有两大原因。首先，重结果，不重分析。调查发现，在最常使用的七项指标中，有五项测量的是财务结果或客户满意度。但是，如果测量结果令人不满意，大多数指标系统都无法找出原因。其次，创新活动缺乏责任制。大多数公司无法直接把对个人或团队的激励与创新活动联系起来，而这常常是因为没有采取措施改善诊断/中间过程。

设计一个指标系统要侧重于找到那些有战略意义的测量手段（而不是那些容易收集的指标），不要收集过多的指标，从而分散了重点。根据我自己及他人的研究，这里我提出两点建议。

侧重学习而不是结果

指标应侧重于输入测量手段和过程测量手段的有效性。但是，哪些测量手段最有用呢？根据我的经验，很少有公司缺乏创意——他们真正缺乏的是值得追求的创意。如果公司有一套敏锐的指标，就能及时发现：审查不够严格因而留下了太多劣质创意；门径管理中的流程是否太马虎，因而延迟了抵达门径的时间；或者产品质量是否太差，需要再走一遍开发流程。举个例子，惠而浦公司设计一套实时的指标系统，使每位管理者都能看到公司正在跟踪多少新的概念，这些概念来自世界的哪些地方，哪些概念将进入市场化阶段。惠而浦高层非常重视这些指标，他们有约30%的补贴都花在了创新绩效上。

定制个性化的指标系统

没有什么指标系统能放之四海而皆准，也没有什么像“万能钥匙”一样的指标系统。相反，一套有用的创新指标系统必须通过三项测试：第一，它要能反映公司的战略重点，并适用于当前的市场（漫长的开发周期对生物科技公司很管用，却不适合包装消费品公司，反之亦然）。第二，它可以让管理层对整个创新过程有一个整体了解。第三，它承认所有的指标都是有缺陷的，会令人怀疑。因此，好的指标系统是将一些指标放在一起，让大家对整个创新过程有所了解，并通过这种三角测量法让公司了解更多情况。

哪些指标可以提供最有用的信息？哪些指标对业务成绩有明显影响？哪些指标会受到管理行为的影响？哪些指标可以被公司信任？对于这些问题，具有创新实力的公司会使用严格的方法找到答案。和所有制药公司一样，默克公司每年需要评估一万种新化合物，每发布一种新药都需要花费六至十二年时间用于药品开发。当然，该公司92%的研发预算都用在了失败的项目上。对默克公司来说，最有效的指标是：与竞争对手相比每个开发阶段花费的时间、平均无故障工作时间以及新药品产品线的全部经济价值。

德国包装消费品巨头汉高公司的市场情况则截然不同：每年发布很多小型的新产品，产品发布后的失败率很高，产品开发时间短，竞争对手行动很快并成功赶上。汉高公司与其他四家竞争公司历经三年半时间对2237款新产品展开了调查。这项调查极大地影响了汉高公司对创新指标的选择。根据调查，各家公司在新产品回报上的差距非常大，这显示在以下几个测量指标中：新产品份额；新产品相对发布数量（是行为指标，并不一定是进度指标）；获得百分之一以上市场份额的新产品；平均品牌份额变动，这显示出新产品是增加还是仅仅代替了其现有产品的市场份额。

第四节 改善和应用你的创新实力

这本管理者攻略讨论了能够实现有机增长的创新活动，而我们的重点是创新活动中的战略方面。我们相信，只要采取严谨有序、有针对性的方法，公司就能取得成功。但是这主要取决于公司的创新能力，受到公司创新能力的制约。优越的创新能力需要有利的公司文化、优秀的公司能力和合理的组织结构三者之间的协调配合。在加速有机增长的道路上，下一步要做的就是根据本章中提供的成功经验和研究来对你的能力进行评估。下一节“管理者指南”中列出的问题可以在领导层之间引起一场讨论，看如何将严谨有序和坚持不懈引入有机增长的过程中。如果这本书可以作为一次思想的旅程，你的收获将令你不虚此行。祝你好运！

第五节 管理者指南：评估你的创新能力

无论是增长领跑公司还是增长落后公司都不能对自己的创新能力骄傲自满。增长领跑公司应该站在自己的肩膀上，不断挖掘改进空间，以保持领先地位。增长落后公司需要就创新能力的三方面开展自我分析，了解自己落后的原因。这里有一些问题，两类公司在寻找改进空间时均可参考。

我们的公司文化

- 我的公司文化是否期待创新、重视创新？有哪些迹象可以表明？谁可以起到表率作用？
- 我们排斥风险还是接受风险？如果失利，我们如何应对？是否将失败视为学习的机会？
- 公司是否因为重视现有业务的利润而不去寻找增长机遇？
- 我们的文化是否积极地鼓励知识和经验的分享？
- 我们在多大程度上接受来自公司外部的新创意？
- 谁负责倾听新的客户需求？我们是否认为要真正了解客户就要同他们生活在一起？
- 我们是否为业务转型做好了准备？我们是否愿意蚕食本公司成熟产品的市场？

我们的能力

- 我们制定增长战略的过程是严谨有序的（活动是可复制的，资源分配是公平的），还是临时的、被动的？
- 我们能否在全面的创新路径中寻求增长，还是增长计划总是局限于某些路径？
- 在了解和预测客户需求方面，我们做得比同行好还是差？
- 公司是否能系统地持续开展市场测试和学习新知识？

● 与竞争对手相比，我们是否更支持对外合作？我们是否被认为是一个很好的合作伙伴？

● 我们有多大能力绘制自己的创新生态系统，并寻找和选择最佳合作伙伴？我们是否知道如何最好地鼓励合作伙伴与我们配合？

我们的组织结构

● 我们是否有能力管理好核心业务以外的机遇？我们对“小i”增长计划、“大I”增长计划和周边增长计划是否采用不同的组织形式？

● 我们的增长战略是否能在公司中得到很好的沟通和理解？

● 公司有没有清楚地规定谁负责达成增长目标？我们是否有能力对创新活动的效果进行评估？

● 实际情况中，公司资源是如何配置的？对“大I”创新的长期投资是否能得到充分保障？

● 我们的指标、奖励和激励机制是否与高级管理层的重点工作有内在一致性？

● 我们是否对自己的创新指标系统感到满意？该指标系统是否侧重于学习而不是结果？

结论

CONCLUSION

你有没有被TED演讲或奇点大学的报告触动过？ 有一段叫作《你知道吗？——世界正在转变》（*Did you know?/Shift Happens*）的视频，它只有短短四分钟，却用一系列事实和对未来的预测让观众深感震撼。以下是视频中的一些例子：

- 中国将很快成为世界上说英语人数最多的国家。
- 今天的学生将在38岁前做过10至14份工作。
- 2010年需求最迫切的10份工作在2004年根本不存在。
- 谷歌的每月搜索量为120亿次。
- “Google+”达到5000万用户规模所用的时间：1年；收音机达到这一规模所用的时间：38年。
- 每两年新技术的数量就要翻一番。

这就是瞬息万变、风起云涌的未来。对增长领跑的公司来说，这样的未来是拓展自己领先地位的良机。为了利用好这些机遇，他们必须加速自己的创新引擎。这要求公司具有严谨有序的战略，坚定地采用由外而内思维、重视为客户创造新价值，以及熟练地掌控不确定性。创新引擎所用的“燃料”就是公司的创新实力。创新实力需要有利的、适应性强的公司文化和世界领先的公司能力，同时还要确保组织结构不拖后腿。有了严谨有序的增长寻求战略作向导，公司的创新实力就很难被赶上。

公司如果有创新成功的历史并不意味着它在未来也能取得成功，尤其是在风云变幻的时代。成功，太容易导致骄傲自满，从而破坏公司的规范，减慢对机遇的反应速度。像索尼、夏普或相机巨头柯达公司这样曾经的创新领袖怎么会一落千丈？他们投资了很多“小i”创新，但是却没有及时对“大I”机遇做出反应。现在，鉴于新药品的开发渠道正在收缩，世界性制药巨头都在寻找新的增长路径。

当今世界瞬息万变，全球竞争激烈，创新势头锐不可当。增长落后公司怎样才能坚持下去甚至迎头赶上？这里，我为管理者们提供了五个牢固的“扶手”，帮助他们抓住本书的五大要领。有了这五个“扶手”的引导，公司将可以加快有机增长的速度。

扶手1：坚持不懈地关注客户价值

一个真正的由外而内的姿态可以使公司业务走在市场和新技术的前面。增长领跑公司一开始就能敏锐地察觉客户真正的关心所在。他们以“对外、积极和探究”的导向而闻名；他们倾听的范围很广，当主流思维与新情况发生不一致时也愿意向主流思维发起挑战。当公司真正由外而内思考时，就会看到更加全面的增长机遇。

坚持不懈地关注客户并不意味着员工没有客户重要。高层管理者面对的挑战是将员工的热情和关注与客户热情和关注对接起来。但是，如果公司高层对员工不够关心，也就不能发现客户的需求或不断为客户解决问题。公司的每个层级和每个职能部门中都必须有一群人，他们同客户生活在一起，熟悉客户对产品的体验，能够理解客户的失望和问题。如果公司高层与市场相隔离，或者没有将优越的客户体验作为工作重点，就不能熟悉和理解客户。

扶手2：严谨有序和创造性

增长领跑公司是严谨有序的。他们不但可以重复地识别和利用机遇，也可以将资源均衡地配置给增长计划组合中的所有项目。他们可以平衡长远需求和迫在眉睫的眼前需求，并且为整个公司提供一张清晰的增长路线图。但是，严谨有序并不意味着僵化的办事程序、效率低下的形式主义以及耗费时间的审批制度。

创新文化中富有创造力的风险和试验部分应该与严谨有序的、严格的、重视结果的部分形成一种良性张力：一家创新公司同时需要右半脑的功能和左半脑的功能。如果一方占主导地位，就会影响公司的表现。如果公司文化吹捧发散性或创造性思维，这固然会涌现出大量创意，但是开发过程中就会有太多项目为了同样一点资源而争得头破血流。公司管理层必须要容忍和鼓励那些因为意外原因而失败的“出发点好的”项目，同时从中吸取教训，使创新过程和下一轮的创新活动能得到改进。没有这种容忍，具体项目中的工作人员就会躲避风险。那样，公司文化就会对创新过程造成不利影响，创新活动的所有结果都要遭殃。创新，一有懈怠，便不容易保持严谨有序。如果公司高层不能保持警觉，创新活动就成了被动地根据客户和销售人员的要求对产品进行“小i”创新，以与其他公司进行竞争或满足客户的迫切需求。要解决这一问题，公司就要制定广泛参与的增长战略和增长目标制定过程，同时也要明确团队中哪些人负责达成这些目标。

扶手3：从风险中获得回报

本书中，我们讨论过创新内在的风险。创新可以加快增长，这一点很吸引人；但是它也受到不确定性因素的影响，这些因素包括技术、市场和竞争力等。不过，我们不必被这些不确定性因素吓倒。不妨让竞争对手来操心这些事，让他们时刻观察着你的举动，想方设法赶上你的步伐。增长落后公司则在困境中挣扎，因为模仿或采取被动的措施很难产生优越的客户价值或足够的利润。增长领跑公司的文化鼓励冒险，能随时蚕食自己成熟产品的市场，支持不间断地开展实验。（回想一下增长领跑公司们的口号："大胆设想，小处着手，迅速扩展。"）此外，他们还熟练地利用一些重要工具，例如情景思维、实物期权思维以及发现驱动型计划，来切实地评估和控制风险。

扶手4：两手都要抓

有些人可以熟练地使用左右手，这可是一种很难得的本领。有的公司也能熟练地使用左右手。他们可以在探索新机遇的同时利用好现有业务，以实现短期收益的最大化。

这也是一种罕见的本领。增长领跑公司就能掌握这种本领，并因此获得了决胜的优势。但是，这一本领很难模仿，因为它要求公司具有三个层面的创新实力。

第一，公司要能够发散性地在所有创新路径中全面地寻找机遇，同时还要将一些潜力很大、风险与回报相平衡的机遇汇聚起来。

第二，公司要在严格分析的基础上制订一份正式的、有说服力的增长计划，并进行试误实验，便于公司经常测试、快速学习。增长领跑公司尤其善于识别哪些实验能取得成功，同时降低损失，避免走入死胡同。他们将资源配置给整个增长战略中的最佳机遇。

第三，在组织结构这个层面上，公司将“大I”创新甚至是周边创新单独列出来，直接向高层管理者汇报。

通过与现有组织结构相分离，加上公司有效的管理过程以及短期内的激励机制和风险控制，这些项目就有了喘息的空间。而如果要把一个方形的钉子钉到圆形的孔里面，则少不了麻烦和挫折。

扶手5：公司总动员

创新是一种团体运动。但是团体中都有谁呢？随着开放式创新的出现，增长领跑公司都在寻找新的答案。他们的公司在向核心业务以外拓展，以吸纳来自公司外部的创意和智慧。这和外包不一样。外包是将一项创新活动转交给一个公司外部的合作伙伴（尽管这也可能是一个好主意）。相反，公司与外部伙伴之间建立的合作网络可以就某个技术问题，拿出成熟的创意或解决方案。宝洁等公司的经验说明，这种创意范围更广，创造出的经济价值更高。

增长领跑公司从未忘记，一定要让每位员工认同公司的增长战略——不仅要与他们沟通，还要让他们买账。一旦对增长战略有了整体认识，公司每个层面的员工就能清楚自己的创意和创新活动如何支持增长。通过动员每位员工，公司就能信心满满地发挥自己的创新实力，加快公司的有机增长。

附录 A

项目在矩阵中的定位

对每项创新产品或创新概念进行定位：选择每列中的1～5的数值，完成左栏中的问题。将“目标市场”部分中的六个数值相加，得出该项目在风险矩阵中的x轴坐标。将“产品/技术”部分中的数值相加，得出该项目在风险矩阵中的y轴坐标。

	目标市场					
	与现有市场情况一样		与现有市场情况部分重合		与现有市场情况完全不一样或不了解	
客户的行为和决策	1	2	3	4	5	
我们的分销和销售活动	1	2	3	4	5	
竞争格局（现有竞争者或潜在竞争者）	1	2	3	4	5	

	非常相关		有些相关		一点也不相关	
我们的品牌承诺	1	2	3	4	5	
我们现有的客户关系	1	2	3	4	5	
我们对竞争对手行为和意图的了解	1	2	3	4	5	
					总分（x轴坐标）	

	产品/技术					
	完全可以得到应用		需要进行大幅调整		不可应用	
我们现有的研发能力	1	2	3	4	5	
我们的技术能力	1	2	3	4	5	
我们的知识产权保护	1	2	3	4	5	
我们的生产和服务系统	1	2	3	4	5	

	与现有水平一致		与现有水平部分重合		与现有水平完全不一致	
需要的知识和科技基础	1	2	3	4	5	
必要的产品和服务功能	1	2	3	4	5	
期望的质量标准	1	2	3	4	5	
					总分（y轴坐标）	

附录 B

“切实—成功—值得”审查

对某个产品概念进行审查的首要步骤就是弄清楚其市场是否真实存在，以及该产品生产出来后是否能满足市场需求。通过这些步骤，公司在考虑潜在市场时就能了解手中掌握多少机遇，从一开始就对竞争环境做出评估。

有人也许会想，应该先问一问这个设想中的产品是否可行，再对潜在市场进行调查。但是，我们首先还是要确认市场的真实性。这有两点原因：第一，市场的不确定性因素多，而利用技术将产品生产出来的可能性相对较大。这也是风险矩阵中的一条信息，即比起不熟悉产品或技术，公司在不熟悉市场时，其产品失败的概率更大。其次，了解市场本质可以阻止公司花大量成本做技术开发。这种症状使一些公司深受折磨——它们只知道解决问题，而不清楚应该解决哪个问题或应该满足客户的哪些需求。

市场是否真实?

只有当满足以下四个条件时，我们才能说某个市场机遇是真实的：(1) 提出的产品可以比市场上的其他产品更好地满足某种需求或解决某个问题；(2) 客户有能力购买该产品；(3) 潜在市场的规模足够大，值得开发；以及 (4) 客户愿意购买该产品。

市场是否对该产品有需求？利用观察、人群调查等工具对市场进行研究，可以深入了解客户的行为、需求、动机和不满。我们必须通过这些市场研究发现未满足的或没有充分满足的客户需求。一旦某个需求得到了确认，下一个问题便是“客户是否有能力购买该产品”？即使提出的产品可以满足某个需求，提供更好的价值，只要存在阻碍购买该产品的客观障碍，我们都不能说这个市场是真实的。

接下来，开发团队就要问“潜在市场的规模是否足够大”？只有足够多的潜在购买者才能为产品的开发提供保障。若非如此，这个市场机遇就不能被称为真实。

最后，开发团队必须要问“客户是否会购买这个产品”？是否存在阻碍购买该产品的主观障碍？如果市场上有同类产品，客户就会对它们进行评估，并思考该新产品是否在特性、功能或成本上具有更高的价值等等问题。

产品是否真实？

一旦公司确定市场是真实的，它就应该更近距离地审视这个产品的概念，并扩大对目标市场的调查。

产品概念是否清晰？在进行产品开发之前，产品概念的技术要求和功能要求通常是不够明确的，开发团队往往也对该产品的确切特性持有不同意见。这时就应该把团队中的不同意见表达出来，然后确定究竟应该开发哪些特性。随着项目的推进，开发团队开始熟悉市场情况，产品的技术要求和功能要求应该明确下来。

产品能否被生产出来？ 如果具有清晰的产品概念，开发团队接下来就要探索这个有生命力的产品是否具有可行性。它是否能通过现有的技术和材料制造出来，或者它的诞生是否需要在某方面取得突破？如果产品能被生产出来，它的生产和销售成本是否合理，还是价格太过昂贵而让客户敬而远之？

最终的产品能否满足市场需求？在产品开发阶段，产品的功能会被取舍，未曾预见的生产技术问题和系统问题会浮出水面，产品的特征也会被修改。在产品开发这条路上的每个转角，为满足客户期望而设计的产品都可能会失去它的一些潜在魅力。如果不能很好地控制这些改动，就会使那些图纸上看上去很不错的产品在进入市场后一败涂地。

我们能取得成功吗？

只是找了一个真实的机遇还不能保证成功。机遇越真实，就有越多的竞争对手对其虎视眈眈。而且，如果确定市场是真实的，已进入市场的产品就会通过模仿或超越新产品的创新来保护自己的位置。

“切实—成功—值得”审查在这一阶段的问题可以将两个概念仔细地区分开来：一是产品在市场上获得成功的能力，二是公司——通过公司的资源和管理人才——帮助该产品在市场上获得成功的能力。

产品是否具有竞争优势？客户选择一个产品是因为他觉得这个产品比其他产品性能更好，生命周期成本更低，风险更小，能为客户提供更高的价值。开发团队必须全面评估客户对产品价值的感知，并且考虑这样一个问题：“该产品是否具有竞争优势？”其他公司的产品是否可以为客户提供相同的好处？

是否能保持这一竞争优势？保持竞争优势的第一道防线

就是专利。项目团队应该评估一下现有的专利与开发中的产品在多大程度上呈相关性，并看一看是否还需要申请其他专利来保护相关的知识产权。项目团队应该思考竞争对手是否会仿造其产品或者规避掉那些影响产品成功的专利。

竞争对手们会做出怎样的反应？一开始，我们不妨做一个“反方战队”的练习：如果我们准备攻击自己的产品，我们可以找到哪些弱点下手？怎样可以减少这些弱点？公司会犯的一个常见错误就是，他们认为竞争对手在他们发布产品之前、为产品进行精确调试时不会采取任何行动。所以，开发团队必须考虑到在新产品被引进市场后，会出现怎样的竞争产品，竞争对手在产品发布后会做出怎样的反应，以及自己公司应该如何应对。最后，开发团队还应该研究一下价格战可能带来的影响。如果价格战旷日持久，自己的产品是否能生存下来？

我们的公司是否具有竞争力？在确定产品具有竞争力之后，开发团队必须弄清楚公司的资源、管理能力和对市场的认识是否比竞争对手更好。如果没有超过竞争对手，无论产品有多好，竞争优势都无法保持。

我们是否具有优越的资源？如果公司的资源既可以巩固客户对新产品价值的认知，又比竞争对手的资源优越，那么产品成功的概率就会极大地提高。优越的产品设计、服务传递、物流或品牌价值可以赋予新产品优势，使新产品更好地满足客户的需求。

我们的管理是否得当？公司对该市场是否有直接或间接的经验？开发新产品的能力是否与项目的规模及复杂性相匹配？项目是否与公司文化相适应，并有一位合适的领头人？产品要取得成功，就需要一位热情洋溢的啦啦队长给开发团队加油鼓劲，将开发团队的想法兜售给高级管理层，并在整个开发过程中为团队扫清所有质疑和困难。

我们能否了解市场并对市场做出反应？ 成功的产品开发要求公司掌握市场调查工具，听取客户的想法，并将客户的想法与开发团队分享。通过反复搜寻潜在客户的反馈意见，开发团队可不断改进产品概念、产品模型和定价，从而避免产品在出现缺陷后重新被打回开发流程。

产品是否值得开发?

一个市场机遇即使能经过考验走到这一步，也不意味着它就是值得开发的。

在可接受的风险范围内，该产品是否有利可图？对于“预期回报是否大于成本？”这个问题，如果高级管理层得到的答案不是肯定的，那他们就很少会同意发布某个产品。这要求对发布时机以及资本支出、营销支出、成本和边际利润的数额进行预测，把时间花在收支平衡、资金流动、净现值等标准财务状况测量工具上；并通过积极和谨慎两种发布计划对盈利能力和资金流动进行估计。财务预测也应该包括为在竞争中保持优势而进行的产品延伸和产品巩固成本。

风险是否在可接受的范围内？对产品进行风险预测首先可以从一个标准的敏感性测试开始：假设产品价格、市场份额和发布时机方面发生微小的变动，这些变动将如何影响资金流动和收支平衡点？如果假设中的一点小变动极大地影响了财务预测结果，这就意味该产品的风险系数很高。财务分析应该将机遇成本考虑在内，即将资源放在某个项目上会阻碍其他项目的开发。

产品的发布是否具有战略意义？即使市场和产品概念是真实的，产品和公司能取得成功，项目也能带来利润，产品的发布也不一定具有战略意义。我们要问的第一个问题是"该产品是否符合公司的整体增长战略"？换句话说，它会不会扩大公司的生产规模、物流规模等，从而对公司的能力起到巩固作用？它将对公司的品牌价值起到积极作用还是消极作用？它会不会与公司的其他产品同类相食，还是会提高其他产品的销量？（如果是前一种情况，与自己的产品同类相食是不是好过在销售上输给竞争对手？）该产品将会巩固还是伤害公司与利益相关方——经销商、分销商、监管部门等——的关系？该项目会不会为后继业务或新市场创造机遇？这些机遇是否只有通过该项目才能创造？

★ Geoffrey T. Boisi教席教授

★ 宾夕法尼亚大学沃顿商学院营销学教授

★ 麦克技术创新研究所的联合主任

研究兴趣：全球市场的竞争战略、市场结构与竞争分析、新产品开发与管理、组织能力、市场管理、战略计划过程与方法

乔治·S. 戴伊是宾夕法尼亚州立大学沃顿商学院“Geoffrey T. Boisi教席”教授以及营销学教授，同时还是该校麦克技术创新研究所的联合主任。他之前担任营销科学协会执行主任，曾在诸多公司担任咨询师，如通用电气、IBM、大都会人寿保险公司、联合利华、杜邦、戈尔公司、可口可乐、波音公司、LG公司、百思买以及美敦力等。他是美国营销协会前主席，主要活动领域包括营销、科技创新的管理、有机增长与创新以及全球市场上的竞争策略等。

戴伊在市场营销和战略管理领域撰写了17本著作。最近出版的专著有：《由外而内的战略：客户价值中的利润》（与克里斯丁·摩尔曼合著）和《周边视野：探测导致公司成败的微弱信号》（与保罗·苏梅克尔合著）。他还曾在《哈佛商业评论》、《加州管理评论》、《战略管理杂志》、《企划评论》、《消费者研究》、《市场营销研究杂志》、《斯隆管理评论》以及《战略与领导》等刊物上发表了多篇文章。

他曾10次获得“最佳文章”奖项；其中2篇文章入选过去25年来市场营销领域最具影响力的25篇文章。因在战略领域上的卓越贡献，1994年，他被授予查尔斯·库利奇奖；1996年，荣获保罗·康瓦士奖；2003年荣获《市场营销杂志》谢斯基金会奖；2001年荣获查·玛哈简奖。2003年，他获得营销科学学会暨美国营销协会与麦格罗·希尔联合颁发的杰出营销教育奖。

Wharton
UNIVERSITY of PENNSYLVANIA

沃顿商学院

宾夕法尼亚大学沃顿商学院成立于1881年，作为世界上第一家大学设立的商学院，它以其在商业教育各主要学科中的领导能力及创新水平而在全球享有盛誉。沃顿商学院通过在全球商业领域内的广泛研究与实践活动积累了全面和深入的商业知识。在沃顿商学院就读的本科生、MBA、EMBA和博士研究生超过四千八百名，每年参加沃顿商学院的高管管理培训课程的人次超过了九千，学院还拥有一个会员人数超过八万六千名的校友关系网。

沃顿商学院的官方网址为www.wharton.upenn.edu。

沃顿数字出版社

沃顿数字出版社致力于激发全球商业领域内有胆识和见地的思想。通过位于宾夕法尼亚大学的沃顿商学院以及沃顿商学院的知识在线，沃顿数字出版社运用创新的数字技术帮助管理者们面对今天以及未来的挑战。

作为一家企业型的出版机构，沃顿数字出版社可以随时随地向读者提供有价值的、易于理解的、概念可靠的以及基于实例的商业知识。沃顿数字出版社可提供的文件格式包括普通电子书、可用于移动终端上的增强型电子书，还可提供按需定制的纸质读物。沃顿数字出版社是一家面向普通商业读者的出版机构，涉及的领域包括管理与战略、创新创业、投资理财、领导能力、市场营销、企业运营、人力资源、社会责任以及企业与政府的关系等。

沃顿数字出版社网址为wdp.wharton.upenn.edu。

沃顿商学院品牌课：凭借品牌影响力获得长期增长

ISBN：9787515325439
著者：【美】芭芭拉·卡恩
译者：崔明香　王宇杰
出版时间：2014.9
出版社：中国青年出版社

内容简介

你知道美国脱口秀女王奥普拉曾经差点将雅诗兰黛旗下的“悦木之源”品牌带入绝境吗?

你知道“Lady Gaga”除了是一位才华横溢的女艺人之外，更是一个运作品牌的天才吗?

你知道“哈雷”摩托曾在1983年濒临破产，完全是凭靠“哈雷车友会”这个无心插柳的“品牌社群效应”将其挽救回来的吗?

你知道丽思卡尔顿酒店、宝格丽酒店还有万丽酒店这些看似完全与“万豪”不沾边的知名酒店品牌，其实都同属“万豪”旗下，这看起来相当复杂的品牌管理模式为何有其必要性呢?

你知道乔布斯的“苹果”之所以能成为一个如此强大的品牌，内部有什么深层次的原因吗?

在当今这个信息完全透明的时代，通过各种社交媒体，任何品牌一个小小的错误都可以瞬间传遍整个世界，那么究竟该如何应对这样的品牌危机?

沃顿商学院芭芭拉·卡恩教授专注于品牌研究二十余年，本书呈现了她关于以上诸多问题深入浅出的分析和思考，提出了关于品牌影响力独一无二的有效测量方法，对于品牌传播和定位策略也有着丰富的案例指引，是一本能够帮助企业创业者、公司管理层、市场部门经理以及营销团队的实用之书。